JN101026

損をしない人の考え方

権藤優希
Yuki Gondo

きずな出版

これまで〝いい人〟を演じてきた結果、
いま、胸を張って「幸せ」だと言えますか？

誰もが「あの人は、いい人だ」と言われたいものです。

人から悪く言われたい、という人はごく少数でしょう。

しかし、世の中は「いい人を演じた結果、損する人」は多くいるのに対して、「いい人を演じた結果、得する人」は少ないという現実があります。


私のまわりでも〝いい人〟を演じた結果、損してしまったという話をよく聞きます。がんばっていい人を演じているのだから、得したっていいはずです。それなのになぜ、損ばかりしてしまうのか――。


同じように努力をしても、損する人もいれば、得する人もいる。

これからの時代、いや、いつの時代もそうですが、うまくいくのは間違いなく正当

な努力を正当に評価され、損することのない人です。

あなたは損する人でしょうか？　それとも得する人でしょうか？


損する人は、人を助けてばかりいます。

むしろ、自分が助けてもらうことに抵抗があります。

それに対して得する人は、人から助けてもらうことが上手です。

人間は誰もが、困っている人の役に立つのが気持ちいいものです。得する人は、そのことをよく知っているのです。

得する人は、お願い上手かつ頼み上手で、しまいには相手の自尊心すら上げてしまいます。

人は、助けてから「なぜ、あの人を助けたのだろう。きっと私にとって大切な人だからだ」と、あとづけで理由を探す性質があります。それによって、助けてもらう回数が増えれば増えるほど、あなたは得する成功者になっていくのです。

損する人と得する人の差は、じつはわずかなものです。

本書では、そんな微差を知るための考え方、損しないための生き方を紹介していきます。

かくいう私も、もともと「損する人」出身です。

いつも人にどう見られるかを気にして、遠慮して自分を表現できず、いい人を演じすぎて、人に頼ることすらできずに自己肯定感が低かったのです。

それには原因が自分にあることも、薄々気づいていました。そして、すべての行動がいつも中途半端になってしまっていたのです。

しかし、いつの日か、うまくいかない理由は「損する考え方」をしてしまっているからだ、と思い至り、そこから考え方や行動をガラッと変えました。

そうなってからは、ビジネス、人間関係、お金、人生……あらゆるものが好転しはじめ、いまでは複数の飲食店や小売店を経営し、ビジネスを教える塾には数百名の若者が集まるまでになりました。

このようになれた秘訣（ひけつ）こそが、まぎれもなく、このあと本書でご紹介する「損をしない人の考え方」です。

この本は、

- **がんばっているのに、なぜか損してしまう**
- **いい人を演じて疲れてしまった**
- **人の目が気になる**
- **人に助けてもらうのが苦手**
- **損はしていないが、得する人にはなりきれていない**

という人に向けて書いたものです。

このあとの本編では、まず、なぜあなたが損してしまうのかについて原因を追究していきます。そこから、損しないために具体的にやるべきことや、損しない人の仕事術、マインドなどを順を追ってご紹介していきます。

あなたがいつも損してしまう人から、いつも得（成功）してしまう人へ変革を遂げることを心から祈って、ペンを執（と）ります。

読み終わったあと、いままでとはまったく違う景色の「損をしない生き方」が待っていることでしょう。

もくじ

損をしない人の考え方

第3章 「損する」を「得する」に変えてしまう仕事術

第4章

「得する人」になるための具体的な考え方

―もくじ―

第5章

「いい人を演じて、いつも損してしまう人」からの卒業

第1章

あなたが損をしてしまう5つの理由

損をする理由 —1—

どう見られるかを気にして、いい顔ばかりするから

ひとつ、参考になる話を紹介します。

昔々、獣の一族と鳥の一族が、どちらが強いかで戦争をしていた。
その様子を見ていたずる賢い一匹のコウモリは、
獣の一族が有利になると獣たちの前に姿を現し、
「私は全身に毛が生えているから、獣の仲間です」と言った。
その後、鳥の一族が有利になると、鳥たちの前に姿を現し、

「私は羽があるから、鳥の仲間です」と言った。

時が経ち、鳥と獣が和解したことで戦争が終わったが、幾度もの寝返りを繰り返し、双方にいい顔をしたコウモリは、鳥からも獣からも嫌われ、仲間はずれにされてしまう。

「お前のような卑怯者は二度と出てくるな」

双方から追いやられて居場所のなくなったコウモリは、やがて暗い洞窟のなかへ身を潜め、夜だけ飛ぶようになった。

この話は、イソップ寓話『ひきょうなこうもり』の内容をかいつまんで説明したものです。

この章では、「なぜ、あなたが損してしまっているのか」について説明していきたいと思いますが、そのひとつめの大きな理由が、この寓話（ぐうわ）で紹介したように、

「人にどう見られるかを気にして、いい顔ばかりするから」

なのです。

なぜ、人にどう見られるかを気にしていると損してしまうのでしょうか。

それは、

「人のことを気にしている時間」
＝
「自分のことを気にしていない時間」

だからです。

人のことを気にしている時間（＝関心ごと）は、成果を生み出しません。

テレビのワイドショーの芸能ニュースなどはいい例です。

成果を生み出すには、自分のことに取り組んでいる時間（＝自分の管理下にあること）を増やすことです。

ＳＮＳがここまで普及したのも、いまの若者が、人からどう見られるかを気にしているからです。

「いいね」を気にしすぎる人は、どんどん関心ごとに時間を奪われて、ふと気づくと現実世界は何も変わっていないということに陥ります。

私の場合、ＳＮＳをチェックする時間を決めていて、間違っても仕事をしながらダラダラ見ることはありません。

まずあなたが意識すべきは、人の目を気にして、まわりにいい顔ばかりをすることではなく、あなた自身が成功することです。

溺れている人が、溺れている人を助けることはできません。まずは、あなたは陸に上がりましょう。

「世に必要なものは栄える」という言葉があります。

自分が成果をつくっていくこと自体が、一番の世の中に対する貢献なのです。

自分を出し切っていないから

損してしまう人は控え目な人です。

いろいろな情報に触れ、多くの人に触れ、目まぐるしく動いていく日常のなかで、控え目な人がぽつんと目の前に現れたところで、去った瞬間に、すぐに忘れ去られてしまいます。

昨今のＡＩの流れからしても、世の中は一部の尖った人間とその他大勢（機械に仕事が奪われていく人々）に分かれていくことは決まっています。

損しないためにも、まずは自分を出し切ってください。

これからの時代は、いいものがますます必要とされ、不要なものは排除される流れが強くなっています。

なぜなら、情報量はどんどん増えるのに対して、それに使用できる時間は限られているからです。

映画『鬼滅の刃』が流行った理由を考えるとよくわかります。

Amazonプライムでもアニメ放送し、漫画でも発売されていて、内容がすでにわかっているにもかかわらず、あれほど空前のヒットをしました。**人々は、中身がいいものに自分の限られた余暇の時間を使おうとするのが必然**なのです。

私の日常を振り返ってみても、Uber Eatsで食事を注文する際、まず「注文」のボタンをタップし、過去に注文したもののなかから、よかったものを再度注文します。

そもそも、Uber Eatsで済ませようとしている時点で「時間がない」ので、いちいち「どんな美味しいお店があるかな?」と検索している時間がないのです。

いいものがますます売れて、不要なものは排除される。

だからこそ、自分を出し切って、アピールすることが必須です。

ギリギリまで自分のことを誇張してでも「あなたはいい!」「おもしろい!」と認定されなければ、その他大勢になり、損していくことになるのです。

私自身、本で書いていること、YouTube(ユーチューブ)でアップしていること、講演会で話していることは、正直、内容が被ります。

ただ、講演会で話したことを、後日YouTubeにアップするとわかっていても講演会に人は集まってくれますし、講演会やYouTubeでアップしたものの総集編が書籍だとしても、本を購入してくださる方もたくさんいます。

私が想像するに、お客さんは講演会に「ライブ感」を求めて参加しているのではないかと思うのです。その場の思いつきで披露する話やギャグなども、講演会ならではなのです。

さらに、YouTubeでは視覚化（ヴィジュアル）を買い、書籍ではスピード（自分のペースで読み進めることができる、自分の好きなところだけ読むことができる）を買っているのだと分析しています。

忙しい毎日のなかで、お客さんが自分に合ったコンテンツを選んでいるのです。そうであれば、こちらはすべてのコンテンツで自分を出し切り、興味を持ってもらえる状態をつくることが先決なのです。

損しない人になるためには、自分を出しきることに〝全集中〟しましょう。

なんでも自分でやろうとするから

いまは「貢献」の時代です。貢献こそが価値になる時代です。
人の力を借りることこそ、まわりに貢献を与えていることにつながります。
あなたは人の力を借りるのが得意でしょうか？

歴史を振り返ると、昭和は「獲得」の時代と言われました。
戦後、何もないところから高度経済成長を続けて、主にモノを獲得することにモチベーションがあった時代です。

モノ（家、テレビ、エアコン、クルマなど）が揃うと、よりいいモノ（いい食事、いいクルマ、いい家など）へとモチベーションが変化していきました。

平成は「つながり」の時代と言われてきました。

平成の大きな変化は、インターネットです。インフラが充実し、インターネット、スマートフォン、IT革命が次々とおこりました。

平成後半は、SNSの普及により、モノよりも〝誰とつながっているか〟ということがモチベーションになりました。

そして、令和は「貢献」の時代です。

インフラがあり、SNSの進化、スマホ、5G、自動運転、AI、ロボティクス、3Dプリンター、医療技術、VR、ARなどのテクノロジーの進化があり、生活の基盤になんの不自由もなくなります。

今後、ベーシックインカムが本格的にスタートしたら、生活するためにお金を稼ぐということがなくなってくる可能性もあります。

そうなると人は「自分は何のために存在するのか？」というところにモチベーションが移行し、より社会意義、貢献、リアルコミュニティを求めるようになります。

よって、人々にとって「貢献できる場所」が必要となってきます。

人には「褒められたい・認められたい・お役に立ちたい」という3つの「たい」があります。この「お役に立ちたい」を満たしてあげることが重要なのです。

人の力を借りる人は得をし、借りない人は損をします。

「力を貸すことはあっても、借りることはちょっと気が引けて……」という声をよく聞きます。しかし、その考え方はもう古いのです。

それよりも、**ひとつのことにずば抜けて長けてはいるが、他の分野は潔く負けを認めて、うまく他人の力を借りることができる人のほうが、成果をつくりやすい**のです。

その「ずば抜けているひとつ」が魅力的だから人がついてくるし、他の分野は人の力を借りることが、貢献を与えることにつながると捉えるほうが、損しないのです。

人に頼れない人は損します。

なんでも自分でやってしまう「しっかりした人」よりも、他人にうまく頼れる「ちゃっかりした人」になってください。

あなたが損している理由は、人の力を借りていないからなのです。

自分で自分のことを満たしていないから

損する理由の4つめは「自分で自分のことを満たしていないから」です。

自分のことを満たすポイントは、「自分で決めたことを達成するクセ」をつくることです。自分との約束を守る、とも言い換えられます。

損をしてしまう人は、「他人との約束」は守っても、いざ「自分との約束」になると、なおざりにする傾向があります。

自分との約束を守らなくても、

「誰にも見られていないから大丈夫」

「人に迷惑かけるわけじゃないし」

と考えてしまいがちです。

ただ、それって本当でしょうか？　一度、考えてみてほしいのです。

約束を守らなかったことを、一番近くで見ている人、いますよね？

約束を守らなかったことで、一番近くで迷惑がかかっている人、いますよね？


それは、あなたです。


「自分との約束」を守らない人は、いつも心のどこかに穴が開いていて、満たされない感覚を持ってしまいます。

私が人と関わるなかで常に大切にしていること、それは、自分の言葉と生き方が一致しているか、です。

自分の言葉と生き方が一致していないなら、まわりからいろいろ言われても仕方ない。それはあなたの問題だからです。しかし、自分の言葉と生き方が一致していれば、まわりにとやかく言われようが、それはもう文句を言っているその人の在り方の問題であって、こちらが気にすることではなくなるのです。

それほど、自分の言葉と生き方を一致させる（＝自分で自分を満たす）ことが大切になっていくのです。

自分で決めたことを達成していくと聞くと、少しハードルが高そうですが、まずは小さな約束ごとからでいいので達成してみてください。

- **毎朝10分だけ筋トレをしよう**
- **自分から元気な声であいさつしよう**
- **コンビニは1日1回しか行かないようにしよう**
- **二次会は行かないようにしよう**
- **寝る前に15分、読書しよう**

このように、確実にできる約束ごとからでいいので達成してみてください。それがあなたの信念をつくり、損しない人間形成につながるのです。

損をする理由―5―

何か、もの足りないから

あなたが損してしまう最後の理由は、「何か、もの足りない」からです。

そうです、あなたは何か、もの足りないのです。

目立って悪いところがあるわけではないけれど、すべてが〝並〟すぎて印象に残らない。印象に残らないということは、選ばれないということです。

そういうあなたは、何か人とは違う尖った要素を見出さなければなりません。

もちろん、私も以前はどこにでもいる平凡なサラリーマンだったわけですが、そこからどうやって尖った要素を見つけ、キャラ立ちしてきたのか、具体的に説明していきたいと思います。

それには大きく分けると、３つのポイントがあります。

① 80点の特技を複数つくる

私は会社員時代、営業としていくつかの業績を残しました。つまり、営業の世界において普通の人より〝少し〟秀でていたのです。

その後、26歳で独立起業し、複数店舗を経営するようになりました。つまり、店舗経営の世界で、普通の人より〝少し〟秀でたのです。

さらに28歳で「講演家」になり、33歳でオンラインサロン〝ごん×櫻井のモテモテ塾〟をスタートさせ「モテ実業家」になり、34歳で出版して「作家」になり、そして、36歳で「YouTuber」になりました。

「営業」も「実業家」も「講演」も「モテ」も「作家」も「YouTube」も、ひとつずつとってみると、その業界で突き抜けた実績をつくったわけではありません。営業でも講演でもYouTubeでも、私なんかよりすごい人は山ほどいます。

特別に秀でた才能があるわけではないので、ひとつだけで突き抜けるなんて、最初から狙っていません。

しかし、才能がなくても、ひとつのことを愚直に3年続けていると、それなりに人より秀でて少しずつ飯が食えるようになっていくものなのです。この、ずば抜けてではなくとも、人より秀でる感覚が「80点」なのです。

営業だけの80点では、何も目立たないどこにでもいる人になりますが、「営業」×「実業家」となるとどうでしょうか?

この2つが人より秀でている人の確率は、一気に減ります。

さらに「営業」×「実業家」×「講演」×「モテ」ならどうでしょう?

もう、ほとんどそんな人はいなくなると思います。ここで「権藤優希」という人間のキャラ立ちができたことになります。

「営業」×「実業家」×「講演家」×「モテ」×「作家」×「YouTuber」となると、私の知る限りでは、もはや世界にひとりだけしかいなくなり、完全にオリジナルな人物になれるのです。

こんなふうに、私の場合は26歳からやっと2つめ、30代になってさらに尖った肩書きを3つ加え、キャラ立ちしてきたのです。ですから、あなたも20代後半からでも、30代からでも遅くはありません。

会社の本業の仕事にプラスして、週末起業をしてみたり、そこまで望まなくとも、プログラミングや動画編集・ブログなど新たな技術を身につけ、生計の柱（収入の柱）を増やしてみてはいかがでしょうか。

「副業」ではなく「複業」が当たり前の時代になってきているなか、80点の特技を複数つくることを考えてみましょう。

② ギャップを明確に持つ

ある有名な音楽プロデューサーが、以前こう発言していました。

「**ヒット曲を生み出そうと思ったとき、イチから曲調を考えることはない。必ずこれまでのヒット曲をパクリ、アレンジしていくのです**」

あいみょんが爆発的に人気になったのも、どこか昭和を感じさせ、聞いたことがあるような曲調だったからと言われています。当時の松任谷由実を思わせるようなハスキーボイスで昭和を思い出させてくれました。

それに加えて新たに、あの独特な「しゃくりとブレス」の使い方が印象に残るということが、他とは違い、尖っていたのです。

基本は、うまくいっている人のパクリをまずやるのです。そして、パクっていくなかで、どこか一部だけあなたのオリジナルを発見していけばいいのです。

そのためには、まずひとつのことを徹底的にパクリながら、真似に真似した結果、最後に残ったあなたの個性を人とは違う「ギャップ」だと認識し、理解することが大切になっていくのです。

私もメンターである嶋村吉洋（よしひろ）さんから経営やコラボレートを学んでいくなかで、メンターから言われたことにはすべて「はい、イエス、ごもっとも！」の精神で、自分の色を出そうなどとはまったく考えることもなく学んできました。

そして、あるとき同じく嶋村さんから学んできた経営仲間から、「いつも先々のことを考えていて、視野が広いよね」とか「物事の核心を捉え、具現化したり言語化するのが得意だよね」と言われるようになったのです。

まさに、自分で尖ろうとせずとも、必死に学んでいるなかで現れてきた自分の個性だったのです。

③　自分特有のアイテムを持つ

「〇〇さんと言ったら、赤い帽子！」

「○○さんは、持ち物がすべてポール・スミスだよね」

というように、**自分をイメージさせるアイテムを持つようにしましょう。**

カラー診断など、自分を表現する色を勉強するのもありだと思います。

甲高(かん)い声を武器にするのでも、笑い方に特徴を持たせるのでもいいでしょう。

何も思いつかなかったら、いつもハンカチを持ち歩く、などでもいいのです。

ちなみに、そんな私は、ブルーが多めです。

会社名も「シーマネジメント」でブルー。ブログのトップ画もブルー。サーフィンやダイビングなど、海が好きでブルー。私の飲食店のＶＩＰルームもブルー。スーツもネイビーでブルー系。性格も、赤い炎（情熱的）というよりは青い炎（冷静さのなかに、ふつふつと燃えるタイプ）でブルー。

あなたも自己表現的価値を高めて、一目置かれる存在になりましょう。ぜひ、自分のことを分析し、キャラ立ちしていってくださいね。

第2章

損をしないために知っておくべき大切なこと

自分の時間を生きる

ここからは、損しないために具体的にやるべきことについて見ていきます。

まずは大切なのは、1日24時間のうち、どれだけ、

時間を自分のために使えるか

です。

私たちは日々、いろいろな人と接触があります。

会社だったら必然的に上司と一緒になりますし、急な飲み会の誘い、駅でバッタリ会っての世間話、友だちの恋愛相談など、日々さまざまな時間を人との間で費やしています。

しかし、そのなかには当然ですが無駄な時間（生産性の低い時間）もたくさん含まれているのです。

何も考えずに、他人に誘われるがままに過ごしていると、どんどん自分の時間というものがなくなっていきます。そして、自分の時間がなくなっていくことで、他人に振り回される損な人生を生きることになります。

自分の時間を生きるためのポイントは「惰性のお付き合い」をやめることです。

上司に付き合って飲みに行く、友だちの買い物に付き合う、タバコの付き合い……もちろんすべての付き合いが悪いとは思いませんし、あまり極端に付き合いをゼロにしてしまうのは抵抗もあるかもしれません。

しかし、**毎回すべての事柄にお付き合いして、あなた自身が豊かになることはありません。**

もうそろそろ、相手の都合ではなく自分の都合で動きませんか？

人生のなかで、もっとも価値の高いものは「時間」です。

お金持ちも、限られた人生の「時間」をお金で買っています。

タクシー移動することで、自分で運転する時間を仕事に充(あ)てています。

新幹線のグリーン席で移動することで、東京↓大阪の2時間半を最適な空間に変えています。

やりたいことを全部やって、たくさんの経験を積み、人生の中身を詰めること。つまり、**時間の価値を高めることで、人生の価値が決まるのです。**

そう言うと「いやいや、友だちと付き合ってゆっくり話すことで、自分の知らなかった気づきもあるじゃないか」という意見が出てきそうです。

いまの時代、その友だちが話していた情報も、ググればネットにいくらでも書いてあります。

毎回、同じ仲間で集まっては同じ話に花が咲き、ダラダラ過ごして解散する。酔っ払って帰ってくるので、その後もとくに何も有効な時間は過ごせずに、寝てまた明日を迎える……。

そんなことをするくらいなら、仕事後はさっさと帰宅して、カフェでひとり読書したり、ジムで汗を流したり、習いごとやセカンドスクールに通って自己研鑽（じこけんさん）に時間を費やしたほうが、絶対に自分の将来はよくなります。

また、インターネット・SNSの普及により、いまの世の中は情報にあふれています。それらの情報に目移りしてしまうことで、自分の時間を奪われているというケースもよくあります。

SNSを開いては、友だちが旅行に行ったり、美味しいものを食べに行った写真を見せられる。テレビをつければ芸能人が不倫しただの、こんな事件があっただの、さまざまな情報が入ってくる。

これらの情報は、あなたの人生には何の意味ももたらしません。

他人主導の生き方をやめて自分の時間を生きるというのは、「**関心ごとに時間を使うことをやめて、自分の管理下にあることに時間を使う**」とも言い換えることができるでしょう。

- **関心ごと＝成果をつくっていない時間（損している時間）**
- **管理下にあること＝成果に向かっている時間（自分のための時間）**

他人や情報から自分の時間を奪われずに、自分の管理下にあることに24時間を使っていくことで、損しない人になれるのです。

「影響を受ける人」を決める

「この人、苦手だなー」

「なんか、気が合わないなー」

「この人といると、いつも相手のペースに巻き込まれちゃうなー」

もし、こういう人があなたのまわりにいたら、積極的に逃げてください。


私は、逃げるのも受け流すのも得意な人間です。

逃げるのも力、受け流すのも力です。

「そうは言っても、なかなか逃げたり受け流すことって勇気がいるし、難しそう」

そう思っているあなたは、メンターを設定することがオススメです。

スポーツにおいても、体づくりにおいても、ビジネスにおいても、**その道のプロで、自分の理想の結果を持っている人をひとりに絞って、その人からの意見のみをすべて100%そのまま受け入れて実行する**のです。

ビジネスであろうが、体づくりであろうが、メンターが言うことには、「はい！イエス！ごもっとも！喜んで！」の姿勢で実践して、それ以外の人の意見は参考程度に受け流してください。

ポイントは、メンターはその道において「必ずひとりに絞る」ということです。

よくやってしまいがちなのが、いろいろな成果をつくっている人に意見を聞いて、「いいトコどり」した結果、何も改善されないといったケースです。

ひとりのメンターに自分のことをよく知ってもらい、あなたに即したお薬を処方してもらわないと、特効薬とはならないのです。

まずは誰に影響を受けるのかを決めて、「それ以外の人には影響を受けない」と、あなたのなかで明確に決めてください。

全力でプレイするシーンと受け流すシーンを見極めるのです。

サッカーの英雄リオネル・メッシですら、試合時間90分のうち歩いている時間80%、ジョギングしている時間10%。全力で走っている時間は10%以下です。それでも彼は、確実に仕事をして成果をつくっています。

そもそも、人はみな「違い」があります。性格や意見も違ってきて当然です。逃げずにすべて受け入れてしまって、すべてにいい顔をしていては、どれが本当の自分なのかわからなくなります。

私のオススメは、たとえ相手の意見と自分の意見が違っても、理解には努めることです。

- **理解＝自分の意思を踏まえない（納得はしていない）**
- **共感＝自分の意思を踏まえる（納得している）**

と考えたらわかりやすいのではないでしょうか。**理解には努めるが、共感（納得）はしなくていいのです。**

合わない人からは積極的に逃げましょう。

それでも、もし逃げることができないシチュエーションだったら、話を聞いたうえでこう言うのです。「うんうん。あなたはそう思うのね」と。

即答できない件は「いや、ちょっと……！」で乗り切る

「これ、やっといてもらえる？」

「……**っはい！**」（あ、言っちゃった）

「本当にあの人、サイテーだと思わない？」

「……**そうだね！**」（また、嫌われないように同調しちゃった）

このように、ついつい自動的に反射で「はい！」と言ってしまい、後悔することは

ありませんか？

なんでも「はい！」と受け入れてしまうと、自分主導の時間が取れなくなり、損してしまいます。

こんなとき、私がよく使っていた、とっておきのセリフがこれです。

「いや、ちょっと……！」

週末起業で事業を立ち上げていたころ、会社を休んで、沖縄や南国に合宿・勉強会に行くことが多々ありました。上司には「家庭の事情」と言いつつ、休み明けに出社すると真っ黒に日焼けして帰ってくるわけです。当然、上司からは、

「権藤、どうしたんだ？　焼けてないか？」

と言われ、

「いや、ちょっと……！」

と言って、かわしていました。

無理があるように見えますが、意外にも乗り切れるものです。


この際、なんでも馬鹿正直に「はい」と言ってしまうことはやめましょう。

もし咄嗟（とっさ）に決断を迫られたら、「確認します！」と言ってください。

曖昧（あいまい）な逃げのような感じはしますが、「はい！」と言って損するよりはマシです。中途半端な気持ちで「はい！」と言うほうが、逆に相手に失礼だと思います。


もちろん最高の回答は、その場で、自分で決められることです。

決めた決断を正解にしていく力こそ最高の力だと思うのですが、そこに到達するまでは自分の時間（小さな達成を繰り返し、自信をつけていく期間）が必要なので、まずはなんでも「はい！」と言うことをやめましょう。

軽快にかわすことを覚えて、自分を守りましょう。

そのためにも大事になってくるのが、自分の軸が明確かどうかなのです。

「目的」「目標」から考える

目的から選択できている人は、じつはそこまで多くありません。

自分が何に時間を使うのか、何に時間を使わないのか。
誰が優先順位の高い人なのか、誰が優先順位が高くないのか。
いまは生産的な時間なのか、非生産的な時間になってしまっているのか。

これらをすべて瞬時に判断できる人というのは、目的・目標が明確な人です。

花嫁は、ダイエットに失敗しません。

なぜなら人生一度の晴れ舞台、このウエディングドレスを着るために、「結婚式の日までにあと何キロ痩せないといけない」と、目的・目標・デッドライン・やることが明確に決まっているからです。

理想のウエディングドレスを着るという「目的」から逆算して24時間生きているので、無駄なお付き合い（会食）は断り、自分のこと（運動）に向き合うのです。

目的・目標のために動いていると、達成にしかエネルギーが向かないので、損をしないわけです。

でもここで、誰でも思います。

「それは常に目的・目標が明確だったら最初から損してないよ。でも、それがなかなか見つからないから困っているんじゃないか」

はい、わかります。

でも目的・目標は、見つけたり、探したり、いきなり空から降ってくるものではないのです。目的・目標は、明確に具体的に、自分で決めることです。

目的・目標を明確に具体的に、そして肯定的に決めるうえで、ぜひとも実践してほしいことは「ノートに書きながら考えてみる」ということです。

なぜ書き出すといいのか。書いているときは自分のことを客観的に見ている時間になるからです。書いているとき、人はもうひとりの自分と出くわすと言われています。

私はメンターに、

「情熱的な自分と、それを観ている冷静な自分と、両方の目を必ず持ちなさい」

と言われ続けてきました。

ハードスケジュールだと思うときほど、まず書くことを意識しています。書いてみると、じつは大したタスクがないことに気がつくからです。忙しいのではなく、気忙（きぜわ）しいだけなのです。ほとんどの場合は、気が散らかっているだけなのです。

書いているときに冷静に整理されていくので、書くことで「本当はもっとこうなりたいんだ」ということに気づくきっかけになることでしょう。

相手の目を見てしゃべる

泥棒も「どの家に入ろうか選んでいる」と言われています。

下調べをしたときに、いつも鍵が開きっぱなしだとか、窓がいつも半開きだとか、ゴミの出し方が汚いとか、庭が荒れているとか……。不用心でだらしなさが出ている家を選んで入っているので、入られる側にも責任があるのです。

いじめも、いじめられる側にも問題があると言われますし、夢を語ると怪しまれる人も、怪しまれる側に問題があるのです。

つまり、ナメられているから損しているのです。

では、ナメられないためには、どうしたらいいのでしょうか。

相手の目を見てしゃべることです。

泥棒（に見える不審者）と会ったら、睨みつけるように一度目を合わせるだけで、この家に入るのはやめておこうとなるはずです。

いじめられっ子も然りです。オドオドと目も合わせず逃げているから、いじめる側がつけあがるのです。相手の目を見てしゃべることで、相手に自信というものが伝わり、いじめる側の態度も変わるでしょう。

モテない男性もそうです。女性とどう接していいかわからない男性は、だいたい女性が怖くて、何を考えているかわからなくて、いつもうつむいています。

怖いから下を向く↓怖いけど相手の目を見る

これだけで解決します。怖いままでいいのです。目が合ったらニコッとするだけで、余裕がある男に見えてきます。

交流会の場などで下ばかりを向いている人、スマホをいじってばかりいる人は話しかけにくいですよね。これは一種の防御姿勢とも言えます。

それより、まっすぐ前を向いて立っていましょう。そして、目が合ったら軽くニコッと笑ってください。これで、もうナメられることはありません。

「変えられるもの」だけに目を向ける

損する人は「変えられるもの」と「変えられないもの」の見極めがヘタです。

そもそも、世の中は変えられないもののほうが多いのです。

なぜなら、私たちは社会のなかで生きているからです。

社会のなかで生きているということは、私たちの自由が尊重されます。

そして、人が自由になればなるほど、逆に不自由が増えるのです。みんなの自由を守るルールが存在するようになるからです（ルール＝法律・規則・常識など）。

資本主義というルールなので、がんばったぶんだけ自由に稼ぐことができて、やる気が出るわけだし、就業規則や就業時間があるから、社員の時間や健康が守られているわけだし、赤信号は止まるのが常識なのです。

これからの日本の社会情勢においても、少子化、超高齢化社会、増税、シンギュラリティ、5G……などは必ず訪れることが決まっています。そのなかで対応できない人は、損していくことになります。

子どもが減って、お年寄りが増えるということは、税金は増える一方という未来が確定しています。

高速道路の料金所の係りの人は、ETC化により、めっきり出会う機会が少なくなりましたし、これからも減り続けます。

今後の5G到来により、自動運転やシェアリングが進んでいくと、もはや個人で車を所有することすら時代に合わないわけですから、自動車会社に就職しようという人も減ってくるかもしれません。

こうやって見てみると、80％くらいの未来は、すでに決められており、不自由のなかで生きていかなければならないでしょう。ということは、残り20％の自分の管理下にあることを強く意識して生きていけるかが重要になってきます。

損しないためには、変えられないものに一喜一憂するのではなく、時代の流れを読み、いまできること（自分の管理下にあること）に目を向けることが大切なのです。

私が開設したキャリアアカデミーでも、自分たちで部活（プロジェクト）を立ち上げて、そこで動画編集やプログラミング、ライティングなどの技術を習得し、スキルアップして収入を上げたり独立していく人が増えてきました。

いまの時代の流れのなかで「何ができるのか？」に焦点を当てているのです。

自粛により家にいる機会が増えて、行動が制限され、マスクをすることで会話が制限されると、自ずと人は消極的になりがちです。そんななかでも自分の将来に希望を見出し、自分を研磨しようとしている前向きなコミュニティに所属すること自体に価値があるのです。

管理下にあることに目を向ける人こそ、損せずに、時代を勝ち抜けるのです。

日常のできごとを、おもしろがる

日常のできごとをおもしろがれる人は得して、真面目すぎる人は損します。

なぜなら、

- **真面目＝他人のルールを生きている**
- **おもしろがる＝自分のルールに変えている（自分が主役）**

このような仕組みになっているからです。

つまらない会議に出席しているときの過ごし方について、ある成功者にこう教わったことがあります。

「つまらなくて集中力を欠いてしまうときは、机の下でズボンを脱いでパンツ一丁になろう。そうすると人が動くだけで『やばい、バレる！』と緊張感が走るよ。他人と目が合うようなら『バレたかも！』と、もう心臓がバクバクしはじめるから！」

当時、大笑いしながら「成功者なのに何をしてるんだ」くらいに思っていましたが、じつはこれ、すごい変換能力だと思うのです。

普通にしているとつまらない（でも出席しないといけないルールの）会議が、ズボンを脱いで参加するだけで一気に眠気が覚めて集中力が増す、という**自分のルールに変換しておもしろがっている**のです。

損しないためには、どうやら決められた（変えられない）ものに一喜一憂するのではなく、その**ルールのなかで自分の趣向を凝らし、おもしろがる力を身につけていくことが重要になってくる**のです。

では一体、そんな力はどうやって身につければいいのか。

以前、お笑い芸人の千原ジュニアさんがこのように言っていました。

「**芸人のまわりにだけおもしろい出来事が日常起きているわけではない。普通のことばかりですよ。ただ〝おもしろくする〟と決めているんですね。だから、日常をおもしろくなるように見ているんだと思いますよ**」

あなたが普段から、どのような色メガネで日常を見ているかです。何事もおもしろがる価値づけができる人になって、損しない人生を過ごしましょう。

見せ方より「在り方」に目を向ける

これからの時代、「どう見せるか」ばかり考えるのではなく「どう在りたいか」を意識することが不可欠になります。**在り方を意識すると損しません。**

私は、「やる気がある人のライフアクセラレーターで在りたい」といつも心に決めて、仕事の現場に出ています。

毎日決めたことを達成して、自分で自分を満たし、心のガソリンを自分で満タンにした状態で現場に行くことで、人々の心に火を灯せればいいなと思っているのです。

いつなんどきも、ここは一貫しています。

・在り方＝自分のこと
・見せ方＝まわりのこと

です。在り方というのは、自分の内側の話なのです。自分の内側を変えるから、外側に現れる現象が変わります。自分の内側とは、自分の心の状態です。自分の心の状態をはかるには、次のことを意識してみましょう。

・心の状態がプラス＝表情が明るい、声が高い、積極的
・心の状態がマイナス＝表情が暗い、声が低い、消極的

売上が上がらないのも、人間関係がうまくいかないのも、あなたの心の状態がマイナスだからです。心が先で、結果はその心に従って、あとからついてくるのです。

まず、自分の機嫌くらい自分でとって、常に心の状態をプラスに維持することです。自分のご機嫌を取る一番の方法は、決めたことを達成することです。自分で自分を満たし、常にご機嫌でいて、自分の在り方に意識を向けましょう。

第3章

「損する」を「得する」に変えてしまう仕事術

人生のコスパを追求する

私は、小学校3年生のときからソフトボールと少年野球をはじめ、高校まで10年間、野球を続けていました。

もちろん当時、将来の夢は「プロ野球選手」でした。

とくに裕福な家庭で育ったわけではない私は、なんとなく将来は「稼ぎたい」と思っていました。

もちろんプロ野球選手になれば稼げます。

しかし、プロ野球選手になれる確率は、わずか0・03％（3226人に1人）で、さらに、プロ野球選手のなかで億を稼ぐプレーヤーになる確率は、そこからさらに12分の1、つまり0・0025%です。

確率で考えるのはあまり好きではないのですが、「0・0025%の世界で自分はがんばれるのだろうか？　いや、がんばり方が違うだろう」と、途中から思っていました。

中学2年から中学3年に上がるときの文集には、なぜか将来の夢が「公務員」となっていました。

稼ぐためには、プロ野球選手を目指すより、まず勉強していい高校・大学に入学して、公務員や大手企業に入社するほうが、コスパがいいと思ったのです。

大学も7科目の国立を受験するより、3科目だけでいい私立のほうが、コスパがいいし、さらに自分の得意な科目を選択できる大学のほうが、もっとコスパがいいなと思って、そうしてきました。

就職活動も、無名だけど稼げる企業（金融系や急成長のベンチャー）より、誰が聞いてもわかりやすい大手のメーカーのほうが、その後のキャリアアップや身内ウケを考えたときにコスパがいいだろうな、と思って選びました。

そうやって「稼ぐ」ということから逆算して、最短距離で、コスパ至上主義で生きてきたのです。

その後、キャリアを考えているときも、会社員としてがんばり続けるより起業のほうが、コスパがいいと判断しました。「時給」「労働」という概念に縛られている会社員よりも、自由に働けて稼げる額も青天井の経営者を目指すべきだと思ったのです。

たとえば、いま私がコンビニでバイトすると、どんなにがんばったとしても月10万円くらいだし、会社員で働くと月給25万円くらいになると思います。

しかし、起業して、ビジネスをするという仕組みでがんばることで、それが何十倍にもなっているのです。同じようにがんばっても、コスパがまったく違うのです。

さらに、働く時間も制限されないので、いくら働いて、いくら稼いでもいい。そして、いくら羽を伸ばして、いくら長期休暇をとってもいい。

時間に制限されないぶん、稼ぐ（仕事する）ことも遊ぶことも自由。人生のコスパがあきらかにいいのです。

実際に事業を立ち上げる際は、まずチームビルディングからやる（ファンをつくっておく）ことでコスパがよくなると、メンターから教えてもらい、実際にそうしてきました。

現在、飲食や小売、出版やオンラインサロンの運営をおこなっていますが、最初からコアなファンを抱えていたので、もっとも効率よく最短距離で多事業展開できているのです。

このように、いつも「人生のコスパ」を考えて、最短距離で成果に向かうことを考えて生きることこそ、損しない生き方につながるのです。

ＳＮＳに振り回されない

ＳＮＳに振り回される人は、損します。

インターネットの普及により、朝起きてすぐFacebookやTwitterをチェックし、通勤時間でLINEを返信し、YouTubeを見ながらお昼ご飯を食べ、夜は友だちとご飯後に撮った写真をInstagram（インスタグラム）にアップし、Clubhouse（クラブハウス）を聴きながら就寝の準備をする……。

このように、私たちは気づかないうちにＳＮＳに支配されながら毎日を過ごしています。とくに、まわりと同じ行動をすることで安心感を覚える日本人は、SNSを運営する会社からすれば格好のお客様です（Clubhouseも、世界でトップクラスに普及しているのは日本らしいです）。

何かわからない言葉があったとき、私が小学生のころは、ひたすら辞書を引いて調べ物をしていました。

それが、いまの20代になると辞書は使うことはなくなりました。「ググる」というワードができたように、インターネットで検索します。

そして、いまの10代になると、検索といったらYouTubeを開き、動画検索をする時代になりました。

何ごとも秒単位ですぐに答えが出てくるようになったので、自分で考えるという機会が減り、その便利さがゆえに、ますますSNSが手放せなくなっています。

したがって、わたしたちはSNSに反応しないと決めない限り、もっとも肝心な目的・目標に向かう時間を自動的に奪われることになります。

決断とは、「決める」行為と「断つ」行為を同時にやることです。

目標達成をするうえで、何に時間を使うかも大事ですが、何に時間を使わないかも大事になってくるのです。

ＳＮＳに反応しないために、私がやっている作業はこちらです。

- **無駄にタイムラインを更新する人をフォローから外す**
- **芸能やゴシップをシェアしてくる人をフォローから外す（逆に、効果的な「なるほど」と思わせる記事を投稿する人のFacebookは毎日見ています）**
- **ネガティブな記事を投稿してくる人をフォローから外す**
- **SNSを見る時間は、1日15分と決める（脳が活性化している午前中は見ない）**
- **SNSの受信音を消す**

ＳＮＳに反応しないことで、損する生き方から脱却していきましょう。

陰褒めする

損する人は、人がうまくいっていることを承認できません。

人がうまくいっている状態が、おもしろくないからです。

さらにひどくなると、その人の粗（あら）を探しはじめ、悪口を言います。

ドーナツを見たときに、

「うわぁ、美味しそう！」

ではなく、

「でも、このドーナツ、穴があいているじゃん！」

というように、何かひと言、余計なことを言いたくなるのです。

悪口は、自分のモヤモヤを解消するためのマスターベーションに過ぎません。相手を見下すことで満足し、自分を必死に納得させているのです。

しかし、そんなことをしても、現実世界で当の本人は何もすごくなっていないし、むしろそういう悪口を聞いた相手は、

「あの人は、本人がいないところで悪口を言う人だから近づかないでおこう。だって、自分もいないときに、言われているかもしれないから」

と悟り、離れていきます。

自分も成長しないし、人も離れていく、陰口には何もいいことはありません。

逆に、成功者は人のことをよく応援します。

そして、陰でコソコソ悪口を言うのとは反対に、陰でコソコソ相手のことを褒めるのです。これを「陰褒（かげぼ）め」といいます。

もちろん、本人がいる前で褒めるのも素晴らしいことです。でも、人によっては「褒めている自分がすごい」と、自分の承認欲求のためにやっている人もいます。

陰褒めができる人こそ、何の承認欲求もない、本物の人格者だと思うのです。

直接本人のいる前で、

「Ａさんって、かっこいいね（かわいいね）！」

と褒められても、

「またまた。お世辞でしょ？」

と思う人は多いでしょう。

一方で、

「〇〇さんが、『Ａさんは本当にかっこいい（かわいい）よね』と言っていたよ」

と第三者から聞くと、

「え、本当にそう思ってくれていたんだ！　嬉しい！」

となるはずです。

「Aさん、〇〇さんから『接客のことなら絶対にAさんに聞いたほうがいい』と聞いたので伺いました。〇〇さんが『Aさんの接客は、先読み力が半端じゃない』と言っていました。また『短時間でお客さんとの心の距離を縮めることができる』とも言っていて、Aさん以上の接客をする人を見たことがないとのことだったので、どうしても話が聞きたくて……！」

こんなふうに言われると、Aさんは「もう、〇〇さん好きっ！」となり、何も求めていなくても、陰褒めした〇〇さんが得することになるでしょう。

陰褒め、ぜひやってみてくださいね。

条件で判断しない

「うちで働いてくれる?」↓「条件は何ですか?」

「今日、時間ある?」↓「用件は何ですか?」


損する人は、すぐ条件で判断しようとします。

何かやるときに、先に条件を聞いてくることはナンセンスです。

もちろん最低限の自分への報酬も大事です。しかし、**条件と自分へのメリットばかり気にしていると、確実に損していく**ことになります。

なぜなら、近い将来、自分も同じ目に遭うからです。

あなたが組織のトップに立って、「うちでがんばろうよ」と声をかけるとします。

「えっ、条件は何ですか？」

まっさきにこう聞かれたら、どう思うでしょうか？

さらに、条件さえよければ社員がずっと働いてくれるだろうと勘違いしていると、

「これだけテレワークを推奨していれば、社員もメリットを感じるだろう」

「これだけ給料出せば満足だろう」

「これだけ素敵な場所で慰安旅行ができれば、いい会社だと思ってくれるだろう」

と、条件によって社員をコントロールしようとします。

でも、世の中にはかならずそれを上回る企業が出てくるのです。**条件で縛ると、さらにいい条件が見つかったときに、人が離れるということです。**

唯一、大事な条件があるとするなら、それはあなたに魅力があるかどうかです。

「この人と、働きたい」
「この人に、ついていきたい」
「この人と、いたい」

これこそ、あなたから人が離れない最強の条件です。

損しないためには、条件をよくしようとがんばるのではなく、自分の魅力を上げて、いつも人を喜ばせることに注力してください。

「今日時間ある?」と聞いたときに、「用件は何ですか?」と聞き返す人は、裏を返すと「用件によっては行きませんよ」と言っているようなものです。面倒を見ているほうからすれば、可愛くないですよね。

そうではなくて、人の魅力にフォーカスを当てて、用件（条件）が何であろうと、「行きます!」と即答する人が、センスがよく、結果的に得するのです。

人は機械ではありません。感情の生き物です。条件なんか気にしていないで、人の魅力で勝負していきましょう。

1日の仕事をスタートする前に、20分間考える

私は毎朝、必ず机に向かって1日20分、考える時間をつくっています。

その間、スマホは見ません。朝はすごい数の仕事のメールがたまっています。それも処理しません。メール処理は、頭が疲れてきた午後でも夕方でも、できる作業だからです。

頭が冴えている朝イチや午前中にするなんて、もったいない。

考えることが、何より大事です。

その20分で、今日の優先順位（何が大事で、何が大事ではないか）が決まります。

その優先順位を守って時間を費やすことで、今月の達成、今年のゴール、人生の成功は決まります。

この「書く」「考える」という作業をしていない人は、大抵、降ってきた順番に仕事をします。そして、振られた仕事・作業に飛びついて1日を終えてしまいます。

ということは、その連続で人生を終えてしまうということです。

会社を儲けさせることには時間を使っても、人生で一番大事な「自分はどうなりたいか」ということには時間を使っていないわけです。

たとえば朝イチ、何も考えずにただメールを200件処理したとしても、

「よし、メール処理終わった。えーっと、次は何するんだっけ？　あ、この仕事やってなかった。よし、やるぞ」

このように、ただ次やることを探しているだけで、自分で効果のあるように組み立てていないのです。

逆に、メール200件が未処理だったとしても、先に考えることに時間を使ってい

れば、いつメールの処理をするかも決まってくるので、あと回しにしても気になりません。それより、重たい仕事を先に終わらせることができて、気持ちはスッキリ、いつも心に余裕が生まれます。

日本人は仕事をしすぎと言いますが、何も考えずに言われたことをやみくもにやっている人が多いのであって、考えることを習慣にすれば、やることは意外と減るのではないかと思います。目的から見て効果のあることだけをやると、仕事は減るのです。

ポイントは、手がふさがっているときに「考える」です。

- **駅まで歩いているとき**
- **歯を磨いているとき**
- **車を運転しているとき**
- **運動しているとき**

損しないためには、考える時間を設けて、1日を組み立ててみてください。これであなたも、タスクオーバーな日々からお別れです。

すべてを前倒しにする

損する人は、何をするにおいてもギリギリで、得する人はすべてを前倒しで終わらせる傾向にあります。

売れない営業部の社員はいつも月末になって焦ります。「やばい、今月の目標達成してない」となってから、必死になって仕事するのです。

それに比べ優秀な営業部の社員は、月初からどんどんアポが入り、20日ごろには目標達成し、涼しい表情をしながら月末を過ごしています。

・得する人→月初にスピードアップ
・損する人→月末にオーバーヒート

決まってこのような構造になっています。

前倒しで達成すると、追う仕事になり、ギリギリで達成しようとすると、追われる仕事になります。

当然、追う仕事は楽しいし、追われる仕事は誰だって楽しくなんかありません。**損する人の仕事がおもしろくないのは、ギリギリ癖があるからなのです。**

さらに言えば、月末ギリギリで達成しようとして、翌月に「借金」をつくってしまう人もいます。

月末に目標達成のために何とか達成したことにして数字だけつくり、月初はまだ帳尻が合ってない案件の後処理からはじめなければならない状況です。

得する人は、月初どころか、前月の20日あたりから達成に向かっているのに対して、損する人は、前月のツケの対応を当月の10日くらいまでやり、残り20日でまた目標達成のために動く（結局また間に合わず、借金することになる、負のループ）のです。

まとめると、**得する人は1か月が40日（前月20日～当月30日）なのに対して、損する人は、1か月が20日（前月の借金対応に10日使い、当月の残り日数は20日）しかない**のです（しかも、メンタル的にボロボロの20日間）。

あなたにも心当たりがありませんか？　そんな仕事の仕方をしていたら、仕事がおもしろくないどころか、体を壊してしまいますよね。

借金をつくるループから前倒しのループへ。自己を成長させましょう。

効率性より「効果性」を求める

忙しい現代において、書籍やYouTubeでよく見られるのが「効率性」を追求した情報です。

「電子決済登録しておくと、時間短縮できて便利だよ」

「先にシャワーをひねってから服を脱ぐと、浴びるときには温かいお湯が出ているから、寒くないよ」

「スマートロックを導入して、鍵を探す手間を省こう」

私も「効率」という言葉は大好きです。

ただ勘違いしてはいけないのが、最初から効率を求めるのは違うということです。

会社でも起業でもスポーツでも、最初に「こうなる」と決めたら、その方向性に向かって全力で走って、ムダなことをいっぱい経験することが大切です。

そこで「これをやったらうまくいかないんだな」と学習でき、それを繰り返していくなかで、徐々に二点間の距離が直線（ムダがない状態）になるのです。

メンターやコーチに依存して、行動する前から正解を聞き、最初から直線を狙って動いてしまうと、たとえ達成しても本人の力（経験）にはなりません。

それより、遠回りしてでも、そのなかで「何がムダで、何がムダじゃないか」を知り、自分の体験として蓄積するほうが、次の目標を追うときに応用がきくのです。

最初は、効率が悪くても「効果性」を追うということです。

ここでいう、効果性は再現性とも言えるし、基礎体力にも近いです。

（1）何か新しいことをはじめるときは、方向性を決めて、まずガムシャラにやる
（2）たくさんムダを経験し、失敗する
（3）そのなかで、何をやると二点間が直線になるかを自分の体験から知る
（4）そうしているうちに基礎体力がついて、次のステージに行くときも応用がきく

この4ステップで応用がきくことが、結果として効率になるのです。

効率性が生まれたということは、たくさん失敗した証です。

だからまずは、効率よりも効果性を大事にどんどん行動することで、得する人に変わっていくのです。

味が出てくるまで繰り返し噛む

損する人は、うまくいかないと「おかしいぞ」と言います。
得する人は、いきなりうまくいくと「おかしいぞ」と言います。

損する人はすぐあきらめるし、得する人は1回では判断しません。

株式会社ユニクロ代表取締役会長兼社長の柳井正さんは、「1勝9敗がちょうどいい」と言います。

私は野球の打率と同じで、人生、勝率3割くらいがちょうどいいと思っています。

高校生のとき、お小遣いをためて浜崎あゆみさんのCDアルバムを買いました。求めていたのはアルバム内の6曲目、メインの曲を聞くためです。自分が聞きたかったメインの曲以外の他の曲はというと、聴いても「うーん……」という印象です。

でも、せっかくお小遣いを貯めて買ったので聴き続けているうちに、「あれ？　この曲、めちゃくちゃいい歌詞じゃん！」となり、期待もしていなかった他の曲が好きになって、ヘビロテしていたりするものです。このことを、何度も聞いているうちに味が出てくる曲ということで「スルメ曲」と言うらしいです。

これと同じで、最初から最短距離を狙って答えを求めても、力なんかつきません。

結果をつくっている人が答えを教えてくれるのではなく、あなたの現場が答えを教えてくれるのです。

水野敬也（けいや）さんの大ベストセラー『夢をかなえるゾウ』シリーズのなかで、ガネーシャの最初の教え「成功者は靴を磨く」というアドバイスに対して、主人公が言いました。

「そんなの、成功者みんながやっているわけじゃないでしょ?」

「靴が汚れていても、成功している人はいるんじゃないの?」

「そんなんじゃなくて、もっと簡単に成功する方法を教えてよ」

それに対して、ガネーシャが言った言葉が次です。

「そう言っている間は、お前は2000%成功できない!」

なかなか結果をつくれないとき、私はいつもこう考えていました。

「ああ、こういう考え方あるんだ。でも、俺はこう思うしな」

この「でも〜」が余計なのです。

いまのこだわりでやっているから、あなたはいまの結果なのです。その考え方を変えないと、これから先、何も変わらないのです。

素直になりましょう。そこを突かれるとイラッときたり、言い返したくなるところこそ「図星」というやつで、自分の課題なのです。

がんばってしゃべりすぎない

「自分が会話をリードしないといけない」と勘違いしている人は、損をする傾向にあります。ビジネスでも、デートでも、友だちと会っていても、責任感に駆られてがんばってしまう人です。

「間」をあけることが怖いのです。

間を怖がる人は、人と会っているとき、相手がしゃべっているそのときも、「次、こちらは何をしゃべろうかな？」と考えてしまい、目の前の相手の話を半分しか聞いていません。

考えてみてください。

「次は何をしゃべろうかな」と考えながら相手の話を聞いていると、表情がぎこちなくなりませんか。表情がぎこちなく、話半分に聞いている人を見ると、話している側からすると「あ、この人、私に興味ないいんだ」と思いますよね？

だから、がんばればがんばるほど、損をしてしまうのです。

逆に、間をつくって「あれ？　この人、大丈夫かな？」と思わせ、極端に言えば相手を一瞬不安にさせるくらいのほうが、相手が自分にハマったりするものです。

心理的に、人は、不安にさせる人に興味を持ってしまうのです。

なぜ赤ちゃんが注目されるのか。それは見ている側が不安だからです。ヨチヨチ歩きで、頭が重そうで、いつ転ぶかわからないから、気になってしかたないのです。

「間」を怖がらず、一生懸命しゃべらなければならない、質問しなければならないという概念から卒業しましょう。

そして、もうひとつ大事なこと。

それはインタビューをしすぎない、ということです。

「出身はどこですか？」

「仕事は何をしていますか？」

「趣味は何ですか？」

と、前後の文脈がつながっていないにもかかわらず、インタビューのように聞きすぎると、心の距離は離れてしまいます。

質問とは、真に相手に興味を持って、聞きたいことを聞いたり、深掘りしたり、理解したいという気持ちからするものなのです。

別に、会話を無理やりリードしなくても損しません。それよりも、相手にしゃべってもらいましょう。たくさんしゃべってもらえばもらうほど、相手は、

「今日はいい時間だったな。あの人は私のことを本当にたくさん理解してくれたな」

となります。

結果的に、無理にしゃべらなかったあなたが、得するのです。

積極的に助けてもらう

一見逆のように思うかもしれませんが、じつは人に好かれようと思ったら、人を助けるのではなく、助けてもらうことを考えましょう。

考えてみてください。

普段、あなたが助けてあげている人はどんな人でしょうか。

おそらく、大事な人のはずです。

「はじめに」でも述べましたが、私たち人間は、

助けてしまった↓（自分の感情を変える）↓「この人が大事だから助けたんだ」

自らこのように変換するのです。

そうは言っても、なかなか人に助けてもらうことに抵抗があるという人も多いでしょう。大事なのは、上手に助けてもらうことです。

そのためのポイントは、手間がかからない小さな頼みごとをすることです。

「このペットボトルのフタ開けてほしいな」でも「そこのペンを取ってくれない？」でもなんでもOKです。

頼みごとをすると、あなたを大事にしてくれる人が集まってきて、頼みごとをしないと、逆にあなたから搾取しようとする人ばかりがまわりに集まってきます。

人は弱みで愛される時代になってきました。

弱みをさらけ出して、助けられ上手になることをオススメします。

助けてもらうことは、相手の自己重要感をも上げるのです。人は、助けているときに優越感に浸れるからです。

もうひとつ、相手が得意なことで頼みましょう。

逆に、嫌いなものは頼まないようにしましょう。

人は、自分が得意なことをすすんで披露したいという心理が働くものなので、相手に優越感を与えてあげることにつながります。

さらにもうひとつ。

頼られたら頼り返しましょう。

人間、与えてもらったら返したくなります。自分だけもらいっぱなしは悪いという心理が働きます。これを返報性の法則といいます。

たとえば、

「最近PCの調子が悪いから見てもらっていい？」

と言われたら、

「もちろん見るよ。あ、僕もお願いがあるんだけどさ、今度、僕のファッションについてアドバイスがほしいから、買い物に付き合ってくれないかな?」

というようなイメージです。

こう言うと、１００％に近い確率で「もちろん、付き合うよ」と返ってきます。

頼り上手になって、損する生き方から脱していきましょう。

第4章

「得する人」になるための具体的な考え方

損するための教育を受けてきた日本人

そもそも私たちは、なぜ損してしまうのでしょうか。
損してしまうのには、私たちが受けてきた教育による影響が大きいのです。

（生徒）「先生、なぜ白いスニーカーで登校しないといけないんですか？」
（先生）「……そういうものだからですよ。校則で決まっているから」

学校では、校則を守るといい人、校則を破ると悪い人となります。

では、この「いい人」は、本当に「賢い人」なのでしょうか。

そもそも常識とは、みんな（社会）を効率よく操作するためにあるものと定義づけられています。要は、校則とは学校側が都合よくつくったものであって、学生が「最大限の成果を創り出すために」あるものではないのです。

もちろん、校則違反ばかりするのはよくありません。

しかし、「なぜ、このような校則があるのだろう？」と考えることができる人が増えたほうが、将来の日本は確実によくなると思うのです。

子どものころから、「校則だから」と、自ら考える機会を奪う教育がなされているので、損する大人が増えているのです。

そう考えると、小さい子どもが、

「なんで、人は息するの？」「なんで、いただきますって言うの？」「なんで、炊飯器は熱いの？」「なんで、なんで、なんでー？」

と聞いてくるときの、親御（おやご）さんの対応は、とても大事です。

余談ですが、以前、エレベーターで一緒になったお母さんと子どもの会話が衝撃でした。

（子ども）「ねー。お母さん。人間は何でできているのー？」
（お母さん）「え？　骨と皮と肉！」
（子ども）「……」

思わず大笑いしてしまいましたが、とても明確に答えていて感心しました（答えが合っているかはさておき）。

「ルールだから」「我慢するものだから」「空気を読むものだから」。小さいときからのこういった積み重ねが、損する人をたくさん生み出してしまっているのです。

「損する人同士」でいてはいけない

損する人は、なぜか損する人同士でつるもうとします。

「変わらなきゃ」と思わせる友よりも、「このままでいいじゃん」と思わせる友といることを優先してしまうのです。

そういう人たちで会話すると、どんどん損のスパイラルが強く増してしまいます。

損する人が仕事をがんばろうと思っても、損する人の人脈はまた損する人なので、ビジネスをやっても、正直1円にもならない人脈ばかりです。

逆に得する人は、得する人同士でつるむようになっています。

得する成功者は、自分がしてほしいことを相手にできる人であり、他人の成功を応援できる人、そしてナチュラルに拡散してくれる人です。

得する成功者たちは、自分が何か新しいことをはじめると、すぐにそれをTwitterやFacebookで拡散してくれます。そして、得する成功者のSNSのフォロワーは質のいいフォロワーなので、その商品を買ってくれます。

結果を出している人は、ますます結果が出やすくなり、結果を出せない人との差は広がるばかりなのです。

堀江貴文さんだって与沢翼さんだって、一度転落しても、もう一度稼いでいます。理由は、稼ぐ人脈を持っているからです。そう考えると、一度稼ぐと、むしろ稼げなくなるほうが難しいのかもしれません。

誰とつるむかで、損するか得するかが明確に決まってしまうのです。

では、損する人はどうしたらいいのでしょうか。

それは「つるみ」を変えること。つまり居心地の悪いところに勇気を出して踏み出すことです。

“居心地が悪く、環境のいいところ”

こそ自分を成長させてくれるのです。

ちょっと野球がうまい人だったら、公立高校の野球部に入ると目立つことができて、エースで4番打者になれるかもしれません。

一方、甲子園に行くような私立の野球部では、最初は2軍スタートかもしれません。将来プロ野球選手になるという目的から考えると、2軍スタートでもレベルの高いところで野球をやったほうがグッと上達します。

居心地が悪いつるみこそ、自分を成長させ、損しない生き方から脱却するポイントなのです。

自らネガティブに巻き込まれるな

損する人は、自らネガティブに巻き込まれようとします。

成功するためには、ネガティブとは1秒もつるまないというのが大前提です。

それなのに、損する人は、ネガティブ（アンチ）な人にまで関わろうとしてしまうのです。

成功者は、そんな人たちを華麗にスルーします。

しかし、損する人は、そんなネガティブなアンチを変えようと必死に努力します。

その結果、アンチにグチグチ言われるハメとなり、損する人はさらに損していくのです。

そもそも、アンチが攻撃するのは、自分よりレベルが上の人です。わざわざ、自分よりレベルが下の人を攻撃することって、ないですよね？　つまりは、ただの嫉妬やねたみなのです。

あきらかにネガティブな人なら、まだ「近づかないほうがいい」と気づくのかもしれませんが、潜在的に「この人、将来的にアンチになりそうだな」という人を見極められるかがポイントになってきます。

では、どうやって、そのアンチ予備軍を見極めればいいのか。

それは、その人の願望のレベルを知ることです。

たとえば、自分が一流のシェフになり、フランスでお店を開きたいという願望が明確にある人なら、どんなに厳しい修行でも、極端な話、たとえ職場でいじめにあったとしても、その関わりに対して「ありがたい」と解釈します。

なぜなら、その人は「成長にコミット」しているからです。

逆に、ちょっとバイト代を稼ぎたいくらいの気持ちで働いている人に、同じように厳しく指導すると、

「あのお店の店主は最悪だ」

「あそこの料理は、実際のところ大したことない」

「(たかがバイトなのに)料理の指導を強制された」

などと言われるのです。

同じ指導を受けても、願望が明確な人はそれを「愛情」と受け取り、明確でない人は、それを「被害に遭った」と受け取ります。

何ごとも自分の理由で動いているかが、人と関わるうえで大事なポイントなのです。

自分の頭が「損」をつくり出しているだけ

最近、損というのは結局のところ、自分の頭がつくり出しているだけなのではないか、と思わせてくれた記事を読みました。

それが、とあるアイドルグループの女性の記事です。

彼女は2018年、歩道を歩いていたところ、数百キロある看板が強風で倒れ、それに巻き込まれる事故に遭い、脊髄(せきずい)を損傷しました。

治る見込みの低い両脚の麻痺を抱え、車椅子生活を余儀なくされました。

アイドルを志し、やっと未来が見えてきた矢先に起こった悲劇的な事故……。暗く悲しく綴（つづ）られた記事かと思いきや、じつは内容の大半は明るい言葉で満ちあふれていました。

事故があったことで「私しか伝えられないことができた」と書いています。**事故は客観的にはひたすらネガティブなことだけれど、彼女の主観ではポジティブな面もあったのです。**

「事故がなければ無名だった」

「車椅子であることを利用している」

と心ない批判も寄せられたそうですが、彼女は「その通り」と肯定しています。

事故により体は動かなくなってしまったけれど、メディアに出る機会も表現の方法も増えたのは、皮肉なようですが、たしかに事実だと。

彼女は、リハビリ中に「不幸中の幸いリスト」というものを、ノートに書き出していたそうです。それが、記事のネタになっています。

「車椅子になったことも、ひとつの武器だと思って、それを最大限に活かせばいい」

彼女は「これは悲しいけれど、これは嬉しいこと」と、自分のなかで損と得を見極めて、思考を分けて整理しているのです。

そして、両面あるなかで、必ずポジティブな面に焦点を当てるということをトレーニングしているとのこと。

これはおおよそ、どんなことでも共通する事実です。

客観的にはネガティブでも、主観的にはポジティブに感じることができます。

それなのに多くの人は、多数派の意見や周囲の反応、感情や評価に屈して、いつの間にかネガティブな側面しか見られなくなるのです。

「ネガティブ」はわずかな一面に過ぎず、実際はポジティブな面が隠れていることは

往々（おうおう）にしてあります。

思考停止で「一側面」しか見ないところから、一度止まって、現実をよく見て、本当に人生をよくするための思考を再選択していくことだってできるのです。

彼女を見れば気づけるはずです、物事はネガティブな面ばかりじゃないと。

「いつだって何度だって、新しい人生ははじめられる！」

「人生は案外どうにでもなる！」

一番の障害は、じつは自分だったりするのです。

モチベーションに左右されてはいけない

よく受ける相談のひとつに、

「目標はあるんですけど、モチベーションが上がらなくて……」

というものがあります。

これを聞くたびに、それ、本当に目標でしょうか？　と疑問に思います。

モチベーションで「やる」「やらない」を判断するのは、真の目標とは言えません。

やらなくても困らないくらいの目標ということの表れですし、モチベーションが上がっているときだけやればいい程度の価値しかないと、自分で言っているようなものです。モチベーションが下がっているときはやらなくていい、放っておいても困らない程度のものが、本当に目標と言えるかは甚だ疑問でしかありません。

誰でも、モチベーションは高い日ばかり続きません。モチベーションが低い日は出勤しなくていいというルールはないのです。

「なんか今日はテンション上がらないから」と、ディズニーランドのミッキーが手を抜いてパレードで踊っていたら嫌なはずです。「そこは仕事なんだから、ちゃんと夢与えようよ、ミッキー」と突っ込むでしょう。

成功者は、モチベーションのあるなしで動いていません。

やらないと生きていけない、お客さんが困る、社員が生活できない、社会のサービスを止めてしまう……と、困るからやるのです。

もし、あなたが1億円の借金を抱えていたら「今日は、働くモチベーションが上がらなくて」なんて言えますか？

仕事とは、強制的にやらなくてはいけないことの集合体です。

それなのに、最近は「好きなことを仕事にしよう」という論調が目立ちます。
なぜ、そう言われるのでしょうか。
それは、せめて好きなことを目指していないと、仕事は作業に落とし込むと地味なことばかりなので、やっていられなくなるからです。

たしかに、プロ野球選手のヒーローインタビューは眩しいです。でも、プロ野球選手になろうと思ったら、毎日10キロ以上の走り込み、階段を往復ダッシュ数十本、何時間にもわたるトレーニングはあたりまえです。

本書の版元である、きずな出版の社長であり、作家の櫻井秀勲先生も「作家になりたいなら、毎日16時間、机に座っていなさい」と言います。

このように、表に出ている輝かしい部分なんか、ほんの一部です。

99%は、地味な作業の連続なのです。

成功者は地味な作業をしていない、なんていうことは決してなく、その「やらなければならないこと」を楽しんでいるのです。捉え方が違うのです。

物事の捉え方、という点では「3人のレンガ積み職人の話」が有名です。

旅人が道を歩いていると、レンガを積んでいる3人の職人に出会いました。

旅人が「ここで、何をしているのですか？」と尋ねてみると、

1人めの職人は、

「レンガを積んでいるのさ。過酷な仕事だよ。腰は痛いし、手はこの通りさ」

と、愚痴をこぼし、嘆いていました。

2人めの職人は、

「大きな壁をつくっているのさ。これで家族を養うために、生計を立てているから苦ではないいさ」

と、答えました。

3人めの職人は、

「何をやっているかって？　よくぞ聞いてくれた。私は、この街の歴史に残る偉大な教会をつくっているのさ。教会に訪れる人たちの笑顔を想像すると、楽しみでたまらないんだ」

と、活き活きと働いていました。

モチベーション（感情）で仕事するのでは動物と同じレベルです。それでは確実に損します。毎日工夫しましょう。あなたは仕事にどんな価値づけをして、人生を生きますか。

ストレスとは共存する

私は、人生はさまざまなストレスを克服するゲームだと思っています。

「会社の上司が苦手で、日々ストレスしかないんですが、どうしたらいいですか？」

このような悩みの質問をよく受けるのですが、これに対する私の答えは、

「生きるということは、ストレスを感じさせる人と、いかに共同作業できるかのゲー

ムだと思いましょう」

です。

前にも書きましたが、まずストレスを感じさせる人から逃げることができるのなら、すぐに逃げてください。あなたの大事な人生の時間を、そんな人のために使うのはもったいないです。

しかし、今回のように職場の上司となるとそれでは済まなくて、毎日嫌でも強制的に顔を合わせることになります。そのときの対処法を知っておかないと、結局ストレスに押しつぶされてしまいます。

自然界において、草食動物が肉食動物に出会うことは避けられません。サバンナという同じ大地に生息していて、草食動物も食べ物を探したり移動したりするので、肉食動物を避けて生きていくという選択肢はないのです。

では、草食動物がライオンに出会ったら100%喰われるかといったら、そうでもないのです。

草食動物は目が離れているため、広い範囲を見渡せます。肉食動物は目が近いため、目の前しか見えていません。

なので、視野の違いを生かして、うまくすり抜けることができます。

また、群れで移動することで、襲われても助かる確率を上げたり、ときには他のもっと捕獲しやすそうな草食動物が混在するなかでライオンと遭遇すれば、「ヤツはそっちに行くはずだ」と腹黒い策略を考えているかもしれません。

このように、草食動物も捕獲されないことを考え工夫して、常に攻略ゲームをしているのです。

人間も「社会」という群れで生きているので、出会いたくない人とも出会います。

それは相当なストレスになります。しかし、そのストレスをいちいちネガティブに捉えていると疲弊（ひへい）していくばかりです。

なので、ストレスを感じさせる人といかに共存できるか、共同作業できるかというゲームだと思って、攻略するたびに自分のレベルが上がると思ってみれば損はしないのです。

草食動物と違って、上司というライオンに噛みつかれたとしても、死にはしないので、まだラッキーではないですか。気楽にいきましょう。

噛みつかれても死なないわけですから、噛みつかれながら、「次はどうやったら噛みつかれなくなるか」を体得するゲームだと思って楽しんでみましょう。

心の強度を上げる

損する人は、嫌なことが起こると、いちいちネガティブな感情を抱きます。

たとえば、あなたは今日の仕事の予定を順調に遂行し、終えようとしているとします。

そんなときに上司から、

「あ、これもお願いできる?」

「明日から、この案件もよろしくね」

「毎朝、このタスクを追加してもらえる？」

と想定外の依頼が来たとき、どう反応しますか？

ここで「おっ！ きたきた！」と、どんどんタスクを巻き取って負荷を楽しめる人なのか、「げっ……」と嫌な顔をしながらネガティブな気持ちになってしまう人なのかで、大きな違いを生み出します。

損する人は、この「想定外」に弱いのです。

逆に得する人は、負荷に強いです。

損しない人になるためには、自分の戦闘力をアップさせ、タフになる必要があります。成功している人は、もともと線が太い人か、いろいろな負荷を乗り越えて、線が太くなっていった人です。

「まだ、できる」という前提で仕事をするか。

「これ以上、無理だろ」という前提で仕事をするか。
心のキャパを広げようと努力する人なのか。
自分の限界を自分で決めてしまう人なのか。

キャパが狭い人の特徴として、責任を取ると決めている範囲が狭いから、そうなっていることが多いです。

自分の仕事だけ遂行すればいいと思っている人は、タスクが降ってくると怒ります。

しかし部署全体、会社全体をよくしようと思っている人は、そのタスクも会社がよくなるために必要だからと思って喜んで巻き取ります。

損する人は自分のことしか考えておらず、せこい人。
得する人は、全体の利を考えることができる人とも言えるでしょう。

守備範囲を広げる

会社員時代、憧れていた先輩が、土日の交流会で出会った人に仕事の相談を受けました。仕事の相談をしてきたその人は広島から東京に遊びに来ていて、普段は広島で仕事をしている人だったそうです。

その人は、先輩がNECで働いていると聞くと「学校教育システムで、こういうことができないか？」と相談してきたそうです。

ですが、先輩の部署（担当分野）は警察への営業。学校（文教事業部）営業の部隊は別にあります。

普通なら「文教事業担当の人を紹介しますね」と話を振って終わる話です。

でも、この先輩はひと味違いました。

「自分の人生＝NEC」「NEC全体を勝たせる」と決めて働いていた先輩は、**わざわざ仕事のない休日に自腹で広島まで出向き、その人から直接話を聞き、ある程度話をまとめてから、文教事業部に受注しやすい条件で話を持っていった**のです。

当時、その先輩は28歳でした。

いまでは管理職、とんでもない出世コースを歩んでいます。

大企業になると、残念ながら、自分の部署ではがんばるけれど会社全体のことは自分ごとで考えない人が多いです。

人によっては、自分の利は考えても、部署の利すら考えていない人もいるのではないでしょうか（出張経費の精算を高く請求するタイプの人はこれ。部署の経費が上がり、利益は下がります）。

この話の場合、目先の数字だけを見たら、自分の営業成績にもならないのに自腹で広島まで行った先輩は損をした、と見る人もいるかもしれません。

でも、NEC全体を味方（自分ごと）だと思っている先輩は、結果的に大きな得（出世）をしました。

経営もそうです。

会社の利益を社員に還元している社長は最終的に得しますし、逆に「会社だって運営費や将来の事業投資のために、内部留保が大事なんだ」「まずは社長から儲からなくちゃ」と言って私腹を肥やすような社長は、最終的に損をするはずです。

もちろん内部留保は大事ですが、それを理由にしてブランドもののバッグを買ったりムダ遣いをしているようでは、社員は「最悪。そんなのに俺たちが汗水垂らしてがんばってきた利益は使われているのかよ」と思い、人が離れていくでしょう。結局は損するということです。

損する漁師は自分が魚を獲ることしか考えず、得する漁師は海全体を綺麗にすることを考えます。

そこからさらに突き抜けて得する漁師は、「河川を通じて水が海に流れてくるならば、海でプランクトンを繁殖させる土壌をつくるために、まずは山から綺麗に整備しよう」と考えるのです。

このように、得する人は、自分の守備範囲以外にも目が向き、広く考えます。

損しないために、あなたも守備範囲を広げましょう。

大切な人の大切な人まで大切にする

いま自分の所属している場所全体を味方だと思うかどうかで、損するか得するかは決まります。

愛おしくて愛おしくてたまらない相手がいて、その相手が、親のことを何よりも大切にしていると聞いたら、相手の両親に対して親切にしたくなるし、「エヴァンゲリオン」が大好きだと聞いたら、たとえ「エヴァンゲリオン」を知らなくても、調べて自分も好きになろうとするはずです。

そのとき、あなたは自分への興味から相手への興味、そして相手のご両親まで自分ごとのようになっているのです。

このように、味方だと思う範囲を広げるためには、

あなたが大切にしている人が、大切にしているもの

までも大切にすることなのです。

そうすることで味方だと思う範囲が広がり、仕事や恋愛、人生において損する機会が減って、成功していくのです。

仕事でも、狭い範囲しか見えていなくて、同じ会社やコミュニティの身近な人が結果をつくることや、競合他社が結果をつくることを嫌がる人がいます。

気持ちはわかりますが、近くの人を承認できない人は損します。

だって、近くのコミュニティが活性化することで、そこに所属しているあなたも、結果をつくりやすくなるわけですから。

たとえ先頭で引っ張っているのがあなたでなくても、あなたのコミュニティに引き

上げる人がいることで、自動的にあなたも引き上がるから、これはラッキーなことなのだと認識する必要があります。

競合他社も然りです。

私はNECに所属していましたが、ライバル会社の日立や富士通が飛躍すればするほど、IT電気機器メーカー全体の市場価値が上がり、それに釣られてNECの業績もよくなると思っていたので、嫉妬するようなことはありませんでした。

間違っても競合を潰す動きなんて、してはいけないのです。

これについてわかりやすいのが、ゴルファーのタイガー・ウッズ選手の話です。

タイガー・ウッズがライバル選手と接戦を繰り広げていたときのこと。

ライバル選手がその大会の勝負を決するパターに臨む場面。

そのパターをライバル選手が外したら、タイガー・ウッズが優勝するというようなシーンがありました。

そのときタイガー・ウッズはどのような思いを抱いていたと思いますか？

彼は「入れ！」と願ったそうです。「外れろ！」ではないのです。

外したら優勝が決まる瞬間に、相手の選手のパターが決まることを願う。そして、ライバル選手が最高のパフォーマンスを発揮したうえで、さらにその上を行く。それがタイガー・ウッズ流なのです。タイガー・ウッズが一流たる所以(ゆえん)です。

相手がパターを入れて損するどころか、逆にそのことで自分のパフォーマンスを最大限に引き出し、自己成長させ、さらに結果をつくっていくのです。

これは、脳科学的に見ても有効なことです。

脳は主語を認識できないので、ライバル選手を応援しているように見えて、じつは自分を応援していることに変わりがないのです。

あなたにもライバルがいるとしたら、喜んで応援しましょう。

どこまでを味方だと思うかで、人生は、損するか得するかが決まるのです。

一貫性を持つ

生き方に一貫性がなく、他にいい方法が見つかるとすぐに浮気をしてしまう人は損します。一度登ると決めた山ならば登り切るまでやりましょう。

一貫性を持てず、途中で下山する人の特徴は、大きく2つです。

①　隣の芝生が青く見えはじめる

「他にもいい手段があるのでは？」と思って、すぐに手段を変える人がいます。

山を登るということは、力を上（縦）に使うことです。他の成功方法を探しはじめるというのは、力を横に使ってしまっています。

五合目を何周もくるくるとまわっても（そこに力を使っても）、いっこうに登頂（成功）できません。

成功する道は、どのコースを選んでも苦しい場面は来ます。

小川コースだって、お花畑コースだって、崖コースだって、どの山登りのコースにも苦難はあるし、しんどいのです。

結果をつくりたいなら、やり方を見直すのではなく「在り方」を見直してください。

「自分が決めたことだから、その道を正解にしよう」

「きっと、この道を正解だと思うトレーニングなんだ」

こう考えましょう。

そもそも「この道でいいのかな？」と不安になるクセのせいで、損しているのです。

何事も、やり遂げてから次のゲーム（次はこの山を登ろう）に進まないと、一生損することになるのです。

負けグセは捨てて、勝ちグセをつけましょう。

② 言い訳にすり替える

しかし、ごく稀に「この方法じゃないかも！　よし、次の方法に切り替えよう！」となることもあります。そうなってうまくいくのは、ある程度、勝ちグセがついている熟練した人です。

うまくいかない人の特徴として、このように言ってくる人がいます。

「登る理由がわかりません」

「もともとそんなに登りたいと思っていなかったんだよね」

「なんか登れ登れってプレッシャーが凄かったから、仕方なかったんだ」

これでは教えてあげようという気にもなりませんし、他に何をやってもうまくいかないでしょう。

せめて、

「すいません、決めていませんでした」

「自分の力不足です」

と自分で認めましょう。

言い訳にすり替える人は、まわりから見たらすぐに「逃げた」とわかるのに、本人だけは「バレていない」と思っています。

これではいつまでも信頼されない人になってしまうので損します。まずは、自分で自分の力不足を正直に認めることが、成功する以前に人として大事です。

一貫性です。言ったことをやる。一貫性こそが誠実さなのです。

柔軟に学ぶ旅を続ける

損する人はネガティブ思考です。

言うまでもなく、ネガティブ思考は結果をつくりにくいです。

脳は、言葉をそのまま受け取り、実現すると言われています。

あなたが心のなかで、もしくは口に出して発しているそのネガティブな言葉により、不幸な（損する）現実をつくり出しているのです。

そんな人たちのために、

「まずは、言葉を変えましょう」

「『でも、だけど、だって、たら、れば』という言葉は使わないでおきましょう」

とアドバイスをしています。

でも、アドバイスしたところで、変わらない人は変わらないのです。

なぜか?

そもそも変わる気がないからです。

もともとがネガティブ思考でも仕方ありません。大事なのは、それを変えようと努力しているかです。損する人は、いまの自分を変えようとしないのです。

先日、きずな出版社長の櫻井秀勲先生とClubhouseで対談をさせていただいていたとき、櫻井先生が、

「最近のキミの話は、なるほどと思うことが多く、よくメモを取らせてもらっているのだよ」

と、私に向けておっしゃいました。

櫻井先生は90歳の大御所。出版界のレジェンドと呼ばれる方です。そんな大先生が、

こんな30代の小僧から学んでいるというのです。

私が新著を出したときも、櫻井先生は私の本を読み込んでくださって、ドッグイヤーまでしてありました。

この姿を見て、「我々が謙虚に学んで、変わらなくてどうするのか」と痛感しました。

ネガティブ思考が問題なのではなりません。

それよりも問題なのは、その損する人の頑固さです。

自分が思っていることと違う意見が飛んでくると、拒否反応を起こしてしまう、その体の耐性を変える必要があるのです。

- **ガードする＝損する**
- **無防備になる＝豊かになる**

と覚えておきましょう。

たしかに、人の意見を受け入れるには勇気が要ります。

だから、私はこう思うようにしています。

「それも、一理あるな！」

「なるほど。そういう考えもあるんだ！」


結果をつくる人は、常に柔軟です。そして、いつまでも学んで吸収します。

学びをやめることは、人として成長することをやめることと同じです。

あなたも変わりませんか？　私も櫻井先生を見習って、90歳よりも91歳の自分が少しでも成長しているように、常に学ぶ旅を続けます。

上機嫌でいる

損する人は不機嫌で、得する人は上機嫌です。

機嫌が悪いと、まわりが気を遣います。これでは絶対に人から好かれません。**人に機嫌をとらせてはダメです。自分の機嫌くらい自分でとらなければなりません。**

赤ん坊のときは「わぁーん！」と泣けば食べさせてもらえて、眠いときは寝かせてもらえて、うんちを漏らしたときはオムツを替えてもらえました。

大人になってから不機嫌なのは、赤ん坊が「わぁーん！」と泣いて、まわりにオムツを替えてもらっているようなものです。もっと大人になりましょう。

機嫌には3種類あると言われています。

上機嫌、中機嫌、不機嫌の3つです。

不機嫌な人には、なぜか不機嫌な出来事が頻繁に起きます。

「普通にしているのに、何もいいことが起きません」という人がいますが、普通にしていたら、普通のことしか起きないのは当たり前です。

幸せは降ってくるものではありません。幸せは、自ら気づいて感じるものなのです。

不幸は自動的、幸せは意思です。意思があるのは人間だけです。

いくら人間に近い動物であるゴリラやチンパンジーでも、宇宙船に飛ばされると、重力がなくなり、体がぷかぷか浮きはじめる状態にネガティブになり、さらにはパニックに陥り、地球に戻るころには死んでいるそうです。

でも人間は、意思の力で、重力がないその状態を「新たな発見だ」と捉えることが

できるのです。ですから、自分の機嫌くらい、絶対に自分でコントロールできるはずなのです。

私の尊敬する女性経営者は、いつもニコニコしています。機嫌が悪いところを見たことがありません。いつも、上機嫌でいるトレーニングを積んでいるから、大きな成果をつくっているのだと思います。

不幸はうつります。不幸でいると、不幸な人が集まります。逆に、上機嫌の種をまいていると上機嫌な出来事が起きます。

「私って、いつも不幸でついてないの！」

違います。あなたが、そうなる種をまいているからなのです。

損する人にオススメしたいのは、いつも微笑むことです。とにかく、損する人は表情がブサイクです。

微笑んでいる人は、何も考えていなくても不思議と自信ありげに見えますよね。そうすると、不思議といいことが起こります。

微笑んでいない、いつも怖い顔をしている人に、誰が近づきたいと思いますか。あなたもまわりも誰も得していないのです。

この世の中の最高のボランティアは、機嫌よくいることです。

私も、もっと上機嫌でいられるよう努力します。

第5章

「いい人を演じて、いつも損してしまう人」からの卒業

「がんばる理由」を明確にする

がんばる理由が不明確な人は、必ずといっていいほど損します。

がんばる理由、すなわち目的・存在理由が明確であることが大事です。

ただ、ここで強く言いたいのは、**目的・存在理由をそれほど難しく考える必要はなく、それが原動力でがんばれるのなら、むしろ目的はなんでもいい**ということです。

人のモチベーションには4つのレベルがあると言われています。

（1）Money
（2）Medal
（3）Mission
（4）Message

の4つです。ひとつずつ見ていきましょう。

（1）Money

まずは「お金」。食べていくために仕事をする。生きていくために仕事をするといったサバイバル状態のモチベーションでがんばる時期です。

（2）Medal

次に「メダル」。これは、わかりやすくいうと〝承認〟のことです。認められたい、同期を追い抜きたい、あの役職・タイトルに就きたいなど、自分の価値を高めるためにがんばる時期です。

(3) Mission

そして「使命」。使命感、つまり自分の「命を使って」仕事している人です。ここには強い信念が存在します。

(4) Message

最後が「メッセージ」。成功者として、自分の存在そのもので届けたいメッセージを世の中に伝えていくステージです。

最初に「お金」があったように、誰もがまずは生きるため、競争のためにがんばります。決してそれが悪いわけではありません。

しかし、損する人に限って、がんばる理由を綺麗に見せようとして欲張ります。本当はお金のためであったり、承認のためにやっているのに、それを隠して綺麗な理由

（使命）で自分を無理に納得させようとして、迷走しているのです。
そこは素直に「お金が欲しい」「あいつをギャフンと言わせたい」でＯＫです。
人は、がんばる理由に火がついていないと、絶対と言っていいほどサボります。
そして、そこからさらに一歩進むと、成功していく過程には必ず協力者が必要です。
では、どうやって協力者を増やすのか？　そのためのステップは、

1　自分のがんばる理由を明確に持ち
2　そのために躍起（やっき）になって行動し
3　そのことをまわりに必死に説明する

これしかありません。

あなたがどこに向かっているのかがわからないと、どう応援していいのかがわからないし、そのためにガムシャラに行動していないと誰も感銘は受けてくれませんし、

そのことを（伝わるまで）まわりに説明しなければ、協力者はできないのです。

がんばる理由を綺麗に見せようと欲張って、（その結果、がんばる理由が曖昧で）行動しない人もいます。

でも、**行動はしているのに、そのことをまわりに伝わるまで何度も伝えていなくて、損している人もたくさん存在している**のです。

これではあきらかに損です。やっていることが正しく伝わるのがブランディングなので、ブランディングミスとも言えます。

私も、伝わることに責任を持つために書籍にしたり、講演をしたり、YouTubeで配信したりして、何度も何度も大事なことを伝え続けています。

私は講演会とセットで書籍を届けたいと思って、いつも講演会場では著書を販売しています。

なぜなら、講演会が解散したあとでも、書籍があれば、聞いてくださった人のなかに私の熱が残っていくので、「思われ続ける仕組み」ができるからという理由があります（『鬼滅の刃』の映画を観たあと、『鬼滅の刃』のお菓子シリーズをすべて買ってしまった男がここにいます）。

こうしてグッズ化することで「思われ続ける仕組み」ができるわけです。

あなたが書籍を出版していなかったり、ツールがないときには、とにかく何回も熱く思いを伝える、それしかありません。

損しないためには、欲張らずに、がんばる理由を明確にして、ひたすら行動して、自分の努力が正しく伝わるために熱意を持って伝え続けることしかないのです。

「現在地」を明確にする

自分の現在地をごまかす人は損します。

あなたが友だちと待ち合わせをしていて、待ち合わせ時間に遅れたとします。「いま、どこ？」と、友だちからの電話に対して、本当はあと10分くらいのところにいるのに、「ごめん、あと5分くらい」と答えてしまう人がいます。

あなたはいい人なので、きっと悪気（わるぎ）はなく、友だちの退屈さにも気を遣ってそう言っているのかもしれませんが、これは逆効果です。

「あと15分」と言って10分遅れならまだ許されるけれど、「あと5分」と言って10分

遅れは、完全に相手の信頼を失うことになります。

「わ……この人、2回も嘘ついたよ（待ち合わせ時間と、遅れる時間）」

「えっ。私、適当に扱われているのかな？」

「私のこと、ナメてるの？」

となってしまうのです。

これと同じで、仕事でも人生でも、現在地は的確に伝えましょう。

現在地をはっきりさせることで、理想とのギャップや目標とのギャップがあきらかになってしまうので、ごまかしたくなる気持ちもわかります。

人生にも仕事にもプライベートにも目的があり、それを数値化して落とし込んだ目標があり、その次にここで取り上げている「現状」と向き合うのです。

そして、目標と現状のギャップが明確になったところでようやく、やること（To Do）が出てくるのです。

まずは現状を受け入れたあと、頭を切り替えてから、ギャップを埋めるためにやることを羅列するクセをつけましょう。

カーナビも、目的地を指定しても、現在地が「東京あたり」では正確なルートは出ません。結局、現在地をあきらかにせずに困ってしまうのは自分なのです。

仕事において、たとえば先週から今週の成果を報告するときも、ごまかさないようにしましょう。先週から何も進捗(しんちょく)がないのに、いい報告だけして、進捗がないことには触れない人は、成果のためのプレゼンから「上司に怒られないためのプレゼン」に目的が変わってしまっている可能性があります。

先週からどれだけ売上が上がったか、プロジェクトが前に進んだかの差分をはっきりさせましょう。

現実に向き合うのはきついけれど、現在地を明確にすることが、最終的には早く目標にたどり着き、幸せになるために大切なことなのです。

正解探しはしない

損をする人は、常に正解探しばかりしています。

先日、経営者の友人が話していました。

「ごんちゃん（権藤）が起業するときに『なんで起業したいの？』と聞いたら、『旅行に行きたいから』と答えたよね」

そんなちっぽけな理由で動いたんだ、僕！　と自分で驚きました。

たしかに振り返ってみると、リーマンショックにより、がんばっているのに給料が減ったという現実に直面し、そこから労働所得に疑問を持ちはじめ、「時間とお金がほしい」という理由で起業に向けて動き出したのを思い出しました。

そして、起業してからは一気に貧乏になって、次のがんばる理由が「たくさん寝たい！」「たくさん食べたい！」「満員電車に揺られる生活から脱したい！」でした。

そこからしばらく経ち、なんとか食べていけるようになってから、今度は「いい車に乗りたい！」「タワーマンションに住みたい！」「親孝行したい！」に変わりました。

ある程度お金に困らなくなり、一通りのことができるようになってからは、「自分がお役に立てる分野で貢献したい！」と、またさらに変わったのです。

最初の段階はサバイバル。次の段階はレジャー。そしていまは貢献。

結局、このように正解は常に変わっていくものであって、最初から綺麗な理由を探していては動けないし、続かないということです。

リーマンショックのときに、「よし、これからはライフアクセラレーターになろう！」とはこれっぽっちも思ってなかったし、「年収1億円稼ぐぞ！」なんて目標も、遠すぎて力が入りませんでした。

そんな綺麗ごとばかり言っていないで、まずは、もっと現場でぐちゃぐちゃに揉まれてみてください。そうすると「見返したい」「這い上がりたい」と、もっと生々しい、やる理由が生まれてくるはずです。

人は、正解の理由では動けません。
生々しい、いま、この瞬間の真実の理由でないと、動けないのです。

無形の資産を蓄える

私が、キャリアアップを目指す仲間に必ず伝えることがあります。

「どんなビジネスをやるにしても、まずその前に、何をやっても結果をつくれる自分になろうね」ということです。

言い換えると、有形の資産（ビジネスモデル）をつくる前に、無形の資産をつくる（蓄える）ことが大事なのです。

- **失敗したらすぐ凹（へこ）むメンタルをしている**
- **ものごとを前進させる会話ができない**

・集客の準備ができていない

・すぐに資金が集まるだけの自分ではない

それなのに先走って起業する（有形の資産にしようとする）から、失敗するし、損するのです。

無形の資産とは、目には見えないが、何をやるにおいても重要な「自分自身の基盤」のようなものです。

具体的にどのような資産を蓄えることなのか、ポイントは5つあります。

その5つというのはこれから説明しますが、これら5つは、あるひとつの行動を突き詰めていくことで、すべて得ることができます。

その結論は「チームビルディング」をすることです。

チームビルディングとは、言い換えれば、自分だけのチーム・コミュニティをつくっていくことです。

私が開設したアカデミーでは、チームビルディング（コミュニティ形成）を通じて、セールス力アップや起業・フリーランスの立ち上げが学べると定義づけています。

チームビルディングをすることで、キャリアアップに必要な無形の資産は確実に蓄えられるのです。

では早速、チームビルディングを通じて蓄えられる（人生を豊かにする）５つの無形の資産を説明していきましょう。

① コミュニケーション能力

まずは、なんと言ってもコミュニケーション能力です。

コミュニケーション能力が必要ないという人はいないのではないでしょうか。

私が大事だと思うコミュニケーション能力とは、

- **前進させる能力**
- **聞く能力**

の2つです。

人に会う前より、会ったあとにその人がイキイキしていたら、あなたはコミュニケーションの達人です。

また、コミュニケーション能力に抵抗を感じている人のほとんどが、「自分ががんばってしゃべらなければならない」と思い込んでいます。

しかし、第3章でご紹介したように、私に言わせれば「がんばってしゃべる」工程はそれほど重要ではなく、もっと他に大事な要素があるのです。

(1)聞く
(2)リアクションする(笑顔)
(3)質問する
(4)しゃべる

この順番です。

とくにチームビルディングをやっていると、新しい人と出会う機会が増えます。

そのときに、真顔でリアクションが薄い人だったら、絶対にいい空気になりません。まずは相手の話を聞いて「知ること」すなわち「理解に努めること」が何より先です。相手の話を聞きもせず、相手の価値観に触れもせず、ただ自分勝手にしゃべりはじめると、必ず損します。

さらに深掘りしたり興味のあることを質問して、最後に自分の話です。しかも、気の利いたことを少ししゃべるくらいで十分です。

② ビジョンを明確にする力

チームビルディングをしていると、

・なぜ人と会っているのか？
・なぜ人脈を増やしているのか？
・なぜ起業するのか？

をよく聞かれるようになります。

そのことで、自ずと、自分のビジョンを話す機会が増えます。

最初はぎこちなかったり、怪しく聞こえたり、警戒されることもあるでしょう。

ビジョンを明確にするために大事なのは、絶対的に場数です。数をこなすから、自分の言っていることが板についてくるのです。

もっと言えば、やりたいことがわからないからチームビルディングできない（行動できない）のではなく、チームビルディングしていくから自分がどうなりたいのかビジョンが明確になっていくという順番なのです。

口に十回出して「叶う」と書きます。どんどん場数をこなして、チームビルディングすることで、ビジョンをブラッシュアップしていきましょう。

③ 批判に耐える力（タフさ）

人に会っていると、必ず批判・拒絶・反対意見を言ってくる人が出てきます。

結論を言うと、批判には慣れるしかありません。

その他大勢と同じ意見だったら、そもそも成功者の一部には入れません。年収1000万円以上稼いでいる人は、全体の人口の5%だと言われています。であれば、他の95%の人の常識通りに動いていては、稼げないということです。

むしろ、人から「ちょっとおかしいんじゃない」と言われるくらいでよしと思うべきです。みんなに「いいね」と言われているうちは、成功しないのかもしれません。

もちろん私も、いまでも反対意見が届くと怖くなることはあります。5%ということは、10人に会ったとして9人には伝わらないわけですから。

たとえば私は5人対5人で飲み会をするときも、賛同してくれる人が1人いればラッキーと思い、その1人に向けてしゃべっていました。残り9人の賛同してくれない人たちを意識して、エネルギーを取られていては何も前に進みません。

ポイントは「うんうん」とあなたの話に耳を傾けてくれる人に対して、集中して話すということなのです。

④ 器を大きくする力

チームビルディングをする前は、好きな人にだけ会って、気の合う仲間とだけ話していたので、すごく楽でした。

しかし、チームビルディングをおこなううえではそうはいきません。

いままでは到底出会わなかった人や、自分と違うタイプの人とも出会っていく必要があります。

そうすることで、自分の器が広がるのです。

自分とは違う意見を持った人と会っても、否定したり、自分と合わないと決めつけるのではなく、まず理解に努めてみることが大切です。

「納得（共感）はできないけど、そういう考えもあるんだな」という感覚です。

私もチームビルディングをするようになって、「その考えも一理ある」と思えるようになり、多くの人を受け入れられるようになったと思います。

コミュニティの人数＝その人の器なのです。

⑤ 集客力

そして、何よりも大事な無形の資産が、集客する力です。

ここが、一番大事なビジネスの基盤です。

世の中は「何を買うか↓誰から買うか」にシフトチェンジしました。

信用経済の訪れです。人は、応援したい（貢献したい）人からモノを買います。モノの性能で選ぶのではなく、人の性能で選んでいるのです。

また、人口縮小・オンライン化・少子化・個の時代と言われるなかで、会社以外に自分の居場所を求める人が多くなったことからも、コミュニティをつくることは求められています。

昔は、テレビや新聞で、大々的に広告を打てば売れていました（マスマーケティングの時代）。

そして品質に優劣がつけにくくなると、誰が言っているか、信用（人気）がある人からモノを買うようになりました（インフルエンサーマーケティングの時代）。

しかし、誰もが（有名人でもないのに）インフルエンサーになれるわけではありません。そんななか、**コミュニティをつくることであれば、誰もが取り組むことができ、再現性があるとわかりました。これから訪れるのがマイクロコミュニティマーケティング（＝チームビルディング）**なのです。

私はよく、狭義のチームビルディングと広義のチームビルディングに分けて定義づけしています。

- **狭義＝自分で仲間と手を組み、コミュニティをつくっていく**
- **広義＝コミュニティ（信用経済）を武器に、世の中の企業と手を組んでいく**

広義のチームビルディングをやることで、営業力や広報ブランディング、ライティング力、デザイン、企画力、プログラミングスキル、動画制作技術など、さまざまな自己のスキルアップもはかれるのです。

私たちのアカデミーでは「チームビルディングを通じて、物心両面で豊かになる」といった共通の理念があります。

また、人と会っていくので、常に自分を磨き、自分に投資し続けることを大事にしています。このような共通の理念や価値観があるので、サークルや烏合の衆ではなく、チームになるのです。

チームビルディングを通じて、集客力は抜群に高まるのです。

おさらいすると、チームビルディングをすることで蓄えられる無形資産は次の5つです。

① コミュニケーション能力
② ビジョンを明確にする力
③ 批判に耐える力（タフさ）
④ 器を大きくする力
⑤ 集客力

この5つの無形の資産を蓄えることこそ、そのあと確実に、有形のビジネスを立ち上げるのに大切な材料となるのです。

また、これはおまけですが無形の資産が身につくと必ずモテます。無形の資産を蓄えることで、自信と魅力がアップするためです。

無形の資産を蓄えるために、チームビルディングしていきましょう。

得する人は、継続力がある

損する人はあきらめが早く、得する人は継続力があります。

継続と言われると、苦手意識を持つ人も多いと思います。

継続する力は最初から備わっていなくても、次の5つのことを実践すれば、自ずとつくはずです。

その5つのステップは、こちらです。

① 目的・目標を明確にする

② 人に宣言する
③ 同志をつくる
④ 小さな目標を達成する
⑤ その気にさせてくれる人を見つける

ひとつずつ見ていきましょう。

① 目的・目標を明確にする

これは「どうなりたいのか？　それはなぜなのか？」を自分に問うて、明確にするということです。

それには次のようなことが言語化できているといいでしょう。

「どうなりたい？　それはなぜ？」
「求めているものは」「軸・根っこ」

「求める成果」「目的・存在理由」

「How（どうやるか）」「Be（どう在るか）」

「What（何を使ってやるのか）」「Why（なぜやるのか）」

あなたにとってどの表現がしっくりくるかはわかりませんが、まずはこのあたりを明確に具体的にしていきます。

② 人に宣言する

次に、人に宣言しましょう。

そのことで「やらざるを得ない状況」を自らつくり出すのです。人は、自分との約束事よりも、他人との約束事の方を守ろうとする傾向が強いためです。

③ 同志をつくる

これはとくに重要です。

私は甲子園出場を夢見ていた野球少年だったのですが、甲子園という目標があっても、朝起きて、炎天や極寒の空を見ると「うわ〜。練習、行きたくないな〜」と思っていました。

しかし、それでも「明日は朝9時から練習ね！」と約束した仲間がいたから、そして、グラウンドに着くと一緒に練習に励み汗を流す仲間がいたからこそ続けられました。

継続する力なんかなくても、継続のための「環境をつくる」ことが大切だということです。

④ 小さな目標を達成する

「目的」といっても広義で概念的だし、「目標」といっても先にある大きすぎる目標でもなかなかリアリティがないので、モチベーションが上がらないといったことがよくあります。

目標を細分化し「今月、何を達成するか？」「今日、何を達成するか？」という行動計画まで落とし込み、そこを見て毎日達成するクセをつけると、モチベーションは継続するものです。

⑤ その気にさせてくれる人を見つける

その気にさせてくれる人をメンターに設定する。これだけで継続力はつくと言い切っても過言ではありません。

私も、いま振り返ればトンチンカンなことをやっていたな、と恥ずかしく思うことでも、メンターは「いいね！　絶好調だね！　その調子！」といつもその気にさせてくれていました。

どんどん調子に乗らせてもらって、ガミガミ言われるわけでもなく、自分で気づくスペースを残してくれていたのです。

いちいちダメ出しされていたら、やりたくなくなっていたと思うのですが、その気にさせてくれたおかげで「もっとやりたい！　自分はできる！」と思えたのです。

このように、メンターと実践環境を設定し、実行カリキュラムを具体的にするだけで、継続力なんかなくても勝手に継続できる人になっていくのです。

能力があったから継続した？　いや、継続したから能力がついたのです。

継続は才能ではないから、能力アップは才能がなくてもいけるということです。

損する人から卒業し、得する人へ。あなたも5つのステップを実行してみてください。

意識を変えるのではなく、行動を変える

損する人生から卒業するために、意識ではなく行動を変えましょう。

損する人は意識だけを変えたがります。そのほうがラクだからです。その場で「今日から俺は変わるんだ」と意気込んで、がんばっている未来を想像する。これなら想像しているだけで、実際には何もしなくていいわけです。心に負荷はかかっていません。

意識を変えるとは、言い換えるとしたら、ただの「逃げ」なのです。

人のモチベーションの賞味期限は48時間です。もっというと、夜に意識が変わって

も、寝て起きたらだいたいモチベーションは戻っています。

「あの人のスピーチを聞いて鳥肌がたった」

では、次の日思い返してみて鳥肌はたちますか？

大事なことは行動すること。

そして、行動せざるを得ない環境に身を置くこと。

提案したいのは、環境を変えることなのです。

- 家に帰るとついテレビを見てしまうのなら、テレビのコンセントを抜く
- ベッドでゴロゴロしてしまうのなら、ベッドを捨てる
- お菓子に手を伸ばしてしまうのなら、家からお菓子をなくす

夢を叶える時間は、会社を終わったあとしかありません。その時間を効果的に使う環境を具体的につくるのです。

昨今の断捨離(だんしゃり)ブームで、1日1個、何かモノを捨てる人は増えてきています。

そのついでに、1日1個、何かをやめてみてください。

そうすることで、新しいことに取り組みやすくなるはずです。

オススメは、SNSを見る時間をやめて、鏡を見ることです。

自分と向き合う時間をつくるのです。

綺麗な人ほど鏡をよく見ます。成功する人ほど鏡をよく見ます。鏡を見ていると、「ここにしわが出てきたな。あごのお肉気になってきたな」と、自分の醜(みにく)いところに気づくことから逃げられないので、結果、もっと自分が磨かれるのです。

仕事において、「義務＜努力＜好き＜夢中」の状態を創り出すほど、成功しやすくなると言われています。

最初から「好き」や「夢中」になれる仕事に巡り合えれば苦労ありませんが、なかなかそうはいきません。

しかし、じつは「夢中」は創り出せます。

それは、3年、継続することです。

最初は何ごとも、ビギナーズラックや過去の貯金により、「なんか、うまくいってしまう」ということが起こります。

そして、その後、かならず一度は挫折を経験します。多くの人が、その一度目の挫折で夢をあきらめてやめていきます。

そして、継続して3年が見えてくるあたりで、本当の実力がつき、楽しくなる（夢中になる）のです。ここまで来ると、何をやっても楽しくなります。

最初は義務でも努力でも、3年継続し（挫折も経験し）、楽しくなる（夢中になる）までやったら、何をやっても成功してしまうということです。

自分と向き合って行動し、本気で3年継続して、仕事に夢中になれたら、あなたの人生は思い通りになるのです。

かならずクロージングをする

損する人ほど、人間関係をクロージングする（着地させる）ことを拒みます。

目の前の人と、ふわっとした関係を保とうとします。

営業でも、商談中に顧客が嫌な顔をすると怖くなってクロージングをしない。

人間関係においても、これ以上言うと相手に嫌われるかな、と思うとクロージングしない。

恋愛も、ちょっと相手から冷たくされると口説くのをやめて、クロージングしない。

こんな人は絶対に、人生を損します。

なぜか？

自分のことしか考えていないからです。

恋愛にたとえるとよくわかります。

クロージングをしない人というのは、「相手と付き合いたい」より「自分がフラれて傷つきたくない」のほうが勝っているのです。

相手は、冷たくされたからって、それでも怯(ひる)まずに強引にアプローチしてくるのか、あなたの情熱をテストしているかもしれません。それなのに、クロージングをせず、自ら可能性をつぶしていては、得する人生なんて歩めるはずもありません。

付き合いたいなら、クロージングしましょう。
人に好かれたいなら、クロージングしましょう。
人に喜ばれたいなら、クロージングしましょう。
人のお役に立ちたいなら、クロージングしましょう。
感謝されたいなら、クロージングしましょう。

やりがいを感じたいなら、クロージングしましょう。

自分を大事にしたいなら、クロージングしましょう。


なぜ、ふわっとしたままで平気なのでしょうか。

それは、プライドが発生するほど、やりこんでいないからです。

私が福岡に住んでいたときに行きつけだったラーメン屋さんは、

- しゃべるな
- 写真を撮るな
- スープから飲め
- 水は飲むな（味が崩れる）

という地獄のようなルールがありました。

でも、とてつもない努力と信念を持ってつくったラーメンだから、適当に食べてほしくないという気持ち、わかる気もしますよね。

事実、とても美味しかったから、それでも並んで食べに行っていました。

それだけやりこんでいると、仕事に対するこだわりが発生し、顧客にさえ強気で「いいものはいい」と言えるのです。

あなたの人生の美学はどこにありますか?

クロージングする人生と、クロージングしない人生とでは、とてつもない差を生み出します。自分の人生、自分で決めて、損する人から卒業しましょう。

最後までお読みいただき、ありがとうございました。

今回もたくさんの方のご指導やご協力があり、出版することができました。

いつもお世話になっている「ワクセル」主催の嶋村吉洋さん、ＡＳＫアカデミージャパンの松田友一取締役・加賀洋子ＣＥＯ、「モテモテ塾」名誉顧問の櫻井秀勲先生、名前をあげたらキリがありませんが、あらためて心から感謝申し上げます。

「いい人を演じた結果、損する人」から「いい人を演じた結果、得する人」へ。

ここまで読んでくれたあなたも、いつも損してしまう人から卒業です。

人生に目的・目標がなく、なんとなく生きていると、どこかネガティブになってしまうものです。ポジティブは意識しないとなかなかできないけれど、ネガティブは自動的にすぐなってしまいます。

では、根がポジティブな人だけがポジティブを選択できるのかというと、そうではありません。

「やる理由」に火がつき、決めていることがあれば、人は起こった出来事を成果に役立つ解釈に変えていけます。このときの解釈が、ポジティブ思考です。

ネガティブ思考だと損をし、ポジティブ思考だと得をします。

やる理由は常に変化します。

あなたが何に燃えていても、それでトップギアに入るなら正解です。

人に決められた理由では燃えず、みんな、自分で決めたことに従って動いているのです。

そんな私も、いまの「やる理由」に燃えて、そのおかげでポジティブを選択することができています。

おそらく決めていないと、いま起こっている現象も、とてもつらく苦しいことに思えるのでしょう。

不安や懸念は常にあります。

ただ、不安や懸念を小脇に抱えたまま走ればいいじゃないですか。

不安や懸念がないから、動き出せるのではありません。決めているから、不安や懸念があってもやるのです。

私はメンターの生き方に影響を受けて、いつも何かを求めています。

なぜ求めるのかって？

「自分はこんなもんじゃない」と思っているからです。

可能性にチャレンジするということは、自分の枠から飛び出そうとすることです。

自分の枠の外に新たな可能性（新たな自分の発見）があるということです。

人生は、枠内に損する考え方、枠外に得する考え方が詰まっています。

可能性にチャレンジして、いまの自分を突き抜けさえすれば、そこには得する人になれる世界が待っているのです。ほんのちょっとの、がんばりの差なのです。

本書で紹介した損する人から脱却するポイントを実行すれば、きっとあなたも変わります。

チャレンジしましょう。チャレンジして目標達成すると、快適領域にたどり着くし、チャレンジせずサボっても、快適領域は存在します。

どの道、人は快適でいたいのです。であれば、どっちの快適領域が好みですか？

サボって、自分はこのままでいいと正当化するくらいなら、チャレンジして、うんと得しましょう。人生一度きりなので、死ぬときに後悔しないように。

権藤優希

【主な参考文献】

『マンガでわかる！　セールストークの基本』松田友一 著（すばる舎）
『人は話し方が9割』永松茂久 著（すばる舎）
『夢をかなえるゾウ』シリーズ 水野敬也 著（文響社）
『なぜあなたの仕事は終わらないのか』中島聡 著（文響社）
『100%の前向き思考』MB著（集英社）
『ともに戦える「仲間」のつくり方』南壮一郎 著（ダイヤモンド社）
『30代を無駄に生きるな』永松茂久 著（きずな出版）
『思い描いた理想をすべて手に入れる生き方』中野祐治 著（きずな出版）
『億を稼ぐ人の習慣』猪狩ともか 著（東洋経済新報社）
『誰も君のことなんて気にしていない。』神田勘太朗 著（きずな出版）
『寝たら死ぬ！　頭が死ぬ！』櫻井秀勲 著（きずな出版）

著者プロフィール

権藤優希（ごんどう・ゆうき）

株式会社シーマネジメント代表取締役。都内で飲食店、オーガニックショップ、講演会、ビジネストレーニング事業などを多岐にわたって展開する。福岡県久留米市生まれ。大学卒業後、日本電気株式会社（NEC）に入社。新人最速で大型案件を受注し、注目を集める。NECにおいてさまざまな賞を獲得した後、4年目に独立。起業後はNEC時代のノウハウを活かし、営業の事業において、半年間で業界内世界2位の記録をつくる。自身の経験をもとにおこなわれる講演会は大人気で、20～30代の若者を中心に、500人規模の講演会を毎月開催している。最近ではオンラインサロン「ごん×櫻井のモテモテ塾」も注目を浴びている起業家。著書に『自分で決める。』『心が強い人のシンプルな法則』『「話すのが苦手、でも人に好かれたい」と思ったら読む本』（きずな出版）がある。

損をしない人の考え方

2021年10月10日　第1刷発行
2021年10月15日　第2刷発行

著　者　　　　権藤優希

発行者　　　　櫻井秀勲
発行所　　　　きずな出版
東京都新宿区白銀町1-13　〒162-0816
電話03-3260-0391　振替00160-2-633551
https://www.kizuna-pub.jp/

ブックデザイン 池上幸一
印刷・製本　　モリモト印刷

ISBN978-4-86663-151-6

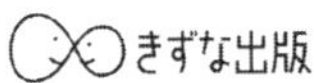